AF500073

ÉDOUARD TESTOIN

LE CAMBODGE

PASSÉ, PRÉSENT, AVENIR

TOURS
IMPRIMERIE ERNEST MAZEREAU
13, rue Richelieu, 13

M DCCC LXXXVI

LE CAMBODGE

ÉDOUARD TESTOIN

LE CAMBODGE

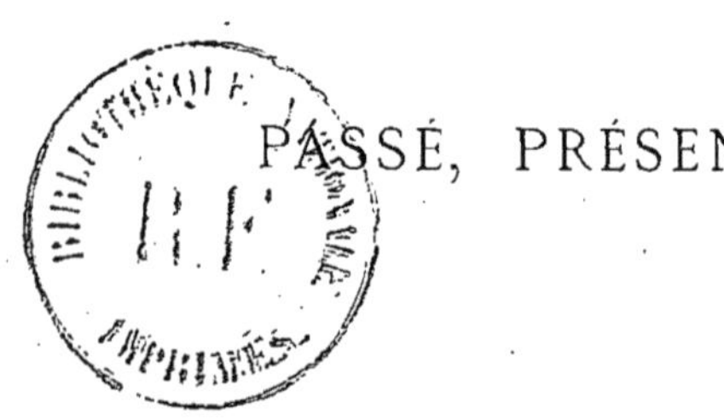

PASSÉ, PRÉSENT, AVENIR

TOURS
IMPRIMERIE ERNEST MAZEREAU
13, rue Richelieu, 13

M DCCC LXXXVI

AVANT-PROPOS

Ces extraits historiques et géographiques sur le Cambodge *n'étaient point destinés à la publicité.*

Inspiré par les remarquables travaux du lieutenant Delaporte, nous avons été amené peu à peu, après de longues et laborieuses recherches, à écrire cette histoire du pays khmer, à l'aide surtout de documents personnels et de renseignements recueillis dans les Notices coloniales.

Les encouragements qui nous ont été donnés par un petit cercle d'intimes nous décident aujourd'hui à livrer à l'impression cette étude que nous offrons à l'économiste, au voyageur, au touriste même, avec le désir qu'elle porte quelque fruit en faisant mieux connaître un pays dont la fertilité et les ressources sont dignes à tous égards de leur attention.

E. T.

Tours, le 1er octobre 1886.

PREMIÈRE PARTIE

GÉOGRAPHIE DESCRIPTIVE. — LES ANCIENS KHMERS

I

ASPECT GÉNÉRAL. — CONSIDÉRATIONS SUR L'HISTOIRE · IMPRESSION DE L'AUTEUR.

Au sud-est de l'Asie, au milieu de ces régions tropicales à la végétation luxuriante et vigoureuse, au sein d'une nature à la fois brillante et grandiose, le Cambodge apparaît aux regards de l'explorateur comme une vaste nécropole de chefs-d'œuvre archéologiques, enveloppée de toutes parts d'un somptueux manteau de lianes et de verdure.

Les rives sont couvertes de plantes et de fleurs admirables; des champs immenses de bananiers, de mûriers, de tabac les enrichissent, et un grand nombre d'oiseaux des espèces les plus variées animent la perspective.

Le royaume du Cambodge, dont la prépondérance s'étendait à une certaine époque sur toute la presqu'île d'Indo-Chine, fut, par suite même de son esprit civilisateur et par la marche longtemps ascendante de sa prospérité, l'objet d'entreprises nombreuses de la part de peuples voisins, jaloux de sa grandeur.

Les Annamites et les Siamois envahirent successivement son territoire; leurs attaques, souvent combinées, devinrent d'année en année plus fréquentes. Dans ces luttes inégales, la résistance du peuple assailli, que paralysaient en outre des conflits intérieurs, aurait dû être impossible, et cependant le Cambodge résista. Il résista, il est vrai, en se voyant dépouillé de riches provinces, mais aussi en donnant l'exemple d'une rare énergie et d'une résignation dans le malheur qui lui valurent de nos jours de légitimes sympathies.

L'occasion nous ayant été fournie de puiser à des sources certaines des renseignements détaillés et précis sur le Cambodge, en compulsant les documents qu'un heureux hasard nous avait fait découvrir, nous avons été pénétré d'une impression profonde qui nous suggéra l'idée d'élaborer une étude absolument exclusive sur ce pays. Bien que des plumes plus autorisées l'eussent déjà décrit avec talent dans de remarquables publications, nous essaierons néanmoins d'en entreprendre un résumé succinct, sans doute peu comparable aux ouvrages de nos éminents devanciers, mais auquel nous nous efforcerons d'apporter un caractère géographique, historique et colonisateur.

II

BORNES. — SUPERFICIE. — POPULATION. — MONTAGNES ET COLLINES. — DISPOSITIONS VARIÉES DU SOL. — LE MÉKONG.

Bornés au nord par les terres du Laos, à l'ouest par le royaume de Siam et le golfe du même nom, au sud par la Cochinchine française, les États khmers ne sont pas aujourd'hui nettement délimités à l'est, ce côté de la contrée étant habité par des peuplades encore indépendantes ou tributaires, appelées certainement un jour à faire partie du royaume.

La superficie actuelle du Cambodge représente à peu près le cinquième de celle de la France, soit environ 100,000 kilomètres carrés. Sa population est évaluée à 1,100,000 habitants, chiffre dans lequel on comprend de 100,000 à 110,000 Chinois, de 95,000 à 100,000 Annamites, de 25,000 à 30,000 Malais ou musulmans, de 4,000 à 5,000 sauvages Penongs, Stiengs et Khouys.

Quelques centaines d'Européens y résident aussi ; ces derniers augmentent chaque jour depuis que le Tonkin est devenu possession française. Des explorateurs, des représentants commerciaux des grands centres de l'Europe, en vue de favoriser des relations diplomatiques et de créer des comptoirs dans ces intéressantes régions, commencent à y affluer en grand nombre.

Le territoire cambodgien, très boisé, généralement fertile, est assez montagneux, n'en déplaise à certains géographes le désignant comme un terrain plat; c'est, du reste, à l'ouest et au nord du pays que viennent finir les ramifications des chaînes qui descendent du plateau central de l'Asie et parmi lesquelles on remarque, entre le Grand-Lac et le golfe de Siam, le Phnum-Tek-Liang, le Phnum-Crévanh, le Phnum-Tiang-Ho, le Phnum-Pang-Chak, la chaîne de l'Éléphant (où quelques sommets atteignent mille mètres d'élévation), le cône Bombi ; enfin, tout à fait au nord, le Phnum-Dek ou Dangrek.

On doit signaler aussi plusieurs collines de moindre importance, les unes faisant partie des ramifications précitées, les autres s'élevant isolément en divers points. Elles sont, sur la rive gauche du Mékong, le mont Compong-Soaï ; sur la rive droite, les monts Rancon, Arat, Klong, Préa, Pié, Gaco, Siang, le Phnum-Pop-Ok-Ouil, le Phnum-Roang, le mont Chiao, le Phnum-Bac-Ninh, le mont Double, couronnés pour la plupart de bois touffus.

Le nord-est et le centre de la contrée sont envahis par des forêts immenses, presque inextricables, formant un prodigieux enchevêtrement de hautes futaies plusieurs fois séculaires.

Les plateaux sont peu habités et la végétation y est moins riche. On trouve aussi quelques parties basses, humides et peu salubres ; mais les terrains de hauteur moyenne qui constituent les rives du Grand-Fleuve sont d'une admirable fertilité et propres aux plus belles cultures de l'Asie orientale.

Le pays cambodgien est arrosé dans toute sa longueur par le Mékong ou May-kon, nommé autrefois « Cambodge », qu'on appelle en langue khmer : le *Ton-leh-thom,* le Grand-Fleuve.

Ce fleuve, en effet, l'un des plus importants d'Asie, prend sa source dans les montagnes du Thibet, où il se forme par la réunion de plusieurs cours d'eau, entre autres du Sonk-tchou, du Nien-tchou, du Yar-lung ; des rapides interrompent sa navigation dans les hautes terres du Laos, qu'il traverse ainsi que l'Annam, et constitue dans le Cambodge et la Cochinchine française un immense delta. Le Mékong est large, profond, soumis à des crues périodiques (août à novembre) ; dans les pays qu'il parcourt, son action fertilisante devient telle qu'on la compare à celle du Nil égyptien.

Les eaux du Mékong arrosent, sur le territoire khmer, les villes de Sambor, Samboc, Cratieh, Sroc-thmar, Stong-trong, Peam-Chilang et Pnom-Penh, où il se divise en deux bras, qui prennent les noms de Hau-Giang ou Bassac et de Tien-Giang ou fleuve intérieur. Ces deux bras suivent vers le sud une direction parallèle, traversant la Cochinchine et se jetant, par diverses embouchures, dans la mer de Chine, après un parcours d'au moins 3,000 kilomètres. Il est navigable une grande partie de l'année pour les navires de gros tonnage jusqu'à une distance assez considérable ; durant la saison pluvieuse, son cours peut être remonté jusqu'à Sambor.

On avait cru pendant longtemps qu'il était impossible à la navigation d'accéder au delà de cette ville ; mais, en 1884, MM. Campion, de Fésigny et Penquer, lieutenants de vaisseau, par une expérience hardie et périlleuse, ont démontré, en franchissant sur leurs canonnières les rapides qui existent en aval de Sambor, qu'on pouvait atteindre ce point sans rencontrer d'insurmontables difficultés. M. de Fésigny aurait pu même dépasser les îles Préapasang.

« Le sentiment de ces officiers est qu'on ne peut aller plus loin, à moins de profiter de la saison sèche et des basses eaux pour faire sauter, à l'aide de dynamite, les blocs de rochers qui obstruent le lit du fleuve dans ces parages. On pourrait avoir quelque espoir, grâce à ces travaux, de pousser davantage l'exploration; mais cette hypothèse ne saurait être concluante, étant donnée surtout la prodigieuse multiplicité des cascades à mesure qu'on se rapproche de la source (1). »

(1) Extrait des *Notices coloniales.*

III

LE GRAND-LAC. — LAGUNES ET COURS D'EAU SECONDAIRES. — ÎLES. — CLIMAT.

Parmi les diverses nappes d'eau qui recouvrent en maints endroits la contrée, nous devons tout d'abord signaler, au nord-ouest, un lac d'une importance considérable, appelé à juste titre le « Grand-Lac », et dont la superficie atteint, d'après les *Notices coloniales,* 1,400 kilomètres carrés. Cette vaste étendue d'eau se subdivise elle-même en deux bassins d'inégale grandeur : le « Petit-Lac » ou Camnan-tieu et le « Grand-Lac » ou Tonlé-Sap; ce dernier occupe environ les deux tiers de l'étendue générale et le Petit-Lac l'autre tiers.

Une partie du Grand-Lac dépend du royaume de Siam; la ligne frontière le coupe dans sa largeur vers le deuxième tiers de sa longueur, au nord. Ses eaux restent neutres sous le rapport politique.

Fort connu des voyageurs et des artistes, car il conduit aux ruines d'Angkor, ce géant des lacs est relié au Mékong par un cours d'eau nommé également le « Tonlé-Sap », principal affluent du Grand-Fleuve. Le Tonlé-Sap sert alternativement à amener et à faire couler les eaux provenant du Mékong; il débouche en face de Pnom-Penh, où il forme pour ainsi dire une quatrième branche au fleuve; c'est d'ailleurs ce qui a fait appeler les « Quatre-Bras » ce point de division du Mékong.

Pendant la saison des pluies, le Tonlé-Sap présente un étrange phénomène : le débit du Mékong devient à cette époque si considérable, que ses deux bras inférieurs, le Hau-Giang et le Tien-Giang, se trouvent insuffisants pour livrer passage à l'abondance des eaux qui remontent alors le Tonlé-Sap et viennent alimenter le Grand-Lac ; le niveau de celui-ci acquiert à ce moment une hauteur de vingt mètres. Par suite, tout le littoral est inondé ; tandis qu'au contraire, pendant la saison sèche, les eaux du lac deviennent si basses, qu'à son entrée au lieu dit « Véal-Phok », plus connu sous le nom de « Plaines-de-Boue », il faut tracer dans la vase de nombreux sillons afin de permettre aux jonques et aux barques d'y circuler. Ajoutons que les crues périodiques qui se produisent ainsi amènent de grands dépôts d'alluvions dont la propriété transformera, dans un avenir prochain, ces vastes nappes liquides en magnifiques champs de rizières et autres plantations.

Indépendamment du Tonlé-Sap, le Mé-kong est grossi de plusieurs autres affluents, au nombre desquels il faut citer, sur la rive droite, le Prek-Tenot, le Prek-Tanghié; puis, sur la rive gauche, en amont de Pnom-Penh, le Prek-Gringen, le Prek-Campi, le Prek-Sresmoï, le Prek-Chelong et le Prek-Tremac.

Le Tonlé-Sap reçoit aussi divers affluents, qui sont, à l'est : le Stung-Lovéa-Cressang, le Prek-Béang, le Stung-Stug, le Stung-Son, le Stung-Dahr, le Prek-Compong-Thma, le Stung-Compong-Chey; à l'ouest : le Prek-Pursat et le Stung-Keren.

Plusieurs rivières, dont les principales sont les rivières de Kampot et de Compong-Som, se jettent dans le golfe de Siam.

Outre les différents cours d'eau ci-dessus indiqués, il existe dans l'intérieur du Cambodge un grand nombre de lagunes et d'étangs très poissonneux, peu connus jusqu'ici des explorateurs.

Sur la rive gauche du Grand-Fleuve, un de ces petits espaces d'eau, situé entre Banam et Pnom-Penh, appelle particulièrement l'attention par l'abondance du poisson qui le peuple ; il porte le nom de lac Mo-Cara.

Une grande quantité d'îles, la plupart inhabitées, s'échelonnent sur les côtes cambodgiennes. Les plus importantes sont : Kong, Rong, Hon-Nang-Trung, Rong-Sam-Len, l'île de la Baie, etc. On remarque encore, à environ quinze milles de Kampot, l'île Phu-Quoc, dépendant de la Cochinchine.

Le sol du Cambodge, submergé à son origine, s'est graduellement élevé par les débris organiques qu'apporte tous les ans le fleuve immense qui le traverse et qui l'a si admirablement fertilisé.

Sous un climat sain et élevé, ce pays n'a pas tardé à déployer toutes les richesses des productions intertropicales.

Selon sa situation géographique, le Cambodge est dans la zone torride, mais la chaleur, modifiée par l'humidité du sol, détermine une température des plus favorables à toute culture. L'année y compte deux saisons : la saison sèche, de novembre à mai, et celle des pluies, de mai à novembre.

Les orages sont fréquents en mai, juin et octobre; la foudre éclate, paraît-il, avec une violence inouïe et donne lieu, dans les plaines, à des accidents, où des troupeaux de buffles sont surpris parfois. Les nuages justement redoutés, dans cette partie de l'Indo-Chine, sont ceux qui affectent la forme d'un arc de cercle ; sitôt après leur formation, ces météores ardoisés se meuvent très rapidement et leurs premières rafales se produisent avec tant d'impétuosité, qu'elles renversent sur leur passage les paillottes (sortes de cases recouvertes de feuilles de palmier) et même les arbres les plus élevés. Quelques minutes après, ce sinistre prélude est suivi d'une pluie torrentielle ravageant les récoltes et pénétrant jusque dans les habitations.

Ces tourmentes durent environ une heure à une heure et demie, puis elles cessent d'une façon spontanée, et le ciel recouvre toute sa sérénité.

On signale encore un autre phénomène météorologique, dû à la situation topographique des montagnes de l'Éléphant ; c'est un ouragan furieux, qui se produit non loin de l'important village de Em-Lack, à l'est de Kampot ; il semble se précipiter des sommets sur la plaine, où il ne laisse croître aucun arbre. Lorsque la récolte des rizières de cet endroit est tardive, elle se trouve généralement perdue par suite des effets de ce terrible cyclone, que les indigènes appellent le « Khial-Kaduc ».

Le Kial-Kaduc soulève sur son passage des nuages de poussières tournoyant à des hauteurs considérables, et le fracas extraordinaire dont il est accompagné se perçoit à une grande distance.

IV

PRODUITS. — FAUNE. — EXPORTATION.

Les produits du Cambodge sont aussi nombreux que variés.

Les immenses forêts qui recouvrent le pays sont remplies de beaux bois d'ébénisterie, de teinture et de senteur. Si elles étaient exploitées dans des conditions relatives à leur importance, ces parties boisées offriraient d'incalculables avantages.

En effet, on se rend facilement à l'évidence, lorsqu'on songe qu'un grand nombre de leurs arbres donnent la laque, la gomme-gutte (ou gomme-Cambodge), le bois de tek, le bois de santal, etc., en quantité considérable.

Les sommets de certaines montagnes, celles de Pursat, par exemple, fournissent le cardamome, qu'on emploie beaucoup dans la pharmacie chinoise.

Les flancs des collines renferment des mines exploitables d'étain, de fer et même de pierres précieuses. D'après les relations de plusieurs explorateurs, la présence de gisements aurifères aurait été constatée en différents endroits.

On trouve dans le haut Mékong des carrières de kaolin ; dans la province de Kampot, les indigènes se livrent avec succès à l'extraction du calcaire, ainsi qu'à celle du salpêtre et de la chaux.

Ajoutez à cela les produits innombrables des plateaux et des rives du Mékong, le riz, le china-grass, le coton, le poivre, le bétel (réputé le meilleur d'Asie), le maïs, l'indigo, la canne à sucre, le sésame, le sucre noir extrait du palmier d'Om, etc., et vous aurez un léger aperçu des sources de richesses que peut présenter le pays des Khmers.

Le café y est magnifique, le tabac y abonde, le cacaoyer et le vanillier réussissent également bien.

Divers fruits sont de qualité exceptionnelle, entre autres la mangue et l'orange dite du Cambodge. Les plantes alimentaires y prospèrent aussi ; outre le maïs, que nous avons cité plus haut, on obtient les haricots en quantité, et l'expérience a démontré, récemment encore, que la culture de la pomme de terre, entreprise avec intelligence, pourrait donner d'excellents résultats.

La faune est très variée au Cambodge,

et le bétail sert en grande partie à la consommation cochinchinoise. De magnifiques troupeaux de buffles et de bœufs couvrent les plaines; la race des bœufs coureurs fournit des animaux de traits rapides fort appréciés.

Les chevaux cambodgiens, petits, mais très robustes ont, comme signe caractéristique, la tête d'une grosseur quelque peu disproportionnée à leur taille.

L'éléphant, le rhinocéros, la panthère et le tigre peuplent les déserts.

Les échassiers, parmi un grand nombre d'autres oiseaux, sont répandus le long des cours d'eau; la chair de plusieurs espèces est, dit-on, estimée, et leurs plumes donnent lieu à un certain commerce.

Le sol engendre peu de serpents venimeux; on en rencontre pourtant quelques-uns, principalement aux alentours des ruines. Les crocodiles et les caïmans, fréquents dans les rivières de l'extrême Orient, sont assez inoffensifs sur les rives cambodgiennes ; les indigènes les traitent d'ailleurs en hôtes familiers et en élèvent de jeunes dans des sortes de cages en bambou, installées au milieu même des marais. Lorsque les captifs ont atteint l'âge jugé suffisant par leurs éleveurs, ceux-ci les vendent aux Chinois ou aux Européens, soit pour décorer des musées zoologiques, soit pour enrichir des aquariums. On utilise aussi avec avantage la peau et les écailles de ces reptiles.

Le poisson foisonne dans les eaux cambodgiennes. Chaque année quarante mille pêcheurs se réunissent pour procéder à la pêche du Grand-Lac ; cette industrie, d'un rendement prodigieux, fait l'objet de trafics considérables.

En présence de tant de ressources accumulées l'exportation de la contrée ne laisse pas que d'être importante ; elle consiste jusqu'ici en bois divers, gomme-gutte, laque, noix d'arec, nacre de perle, ivoire, peaux et poissons secs. Mais avec un gouvernement éclairé, tel que celui sous la protection duquel le Cambodge se trouve aujourd'hui, cette exportation ne saurait manquer d'acquérir une extension plus vaste encore.

Nous nous réservons du reste de revenir sur ce point, et nous nous bornerons, quant à présent, à suivre, aussi scrupuleusement que possible le programme que nous nous sommes tracé, c'est-à-dire à présenter sous ses divers aspects une terre envers laquelle la nature s'est montrée si prodigue.

L'alliance conclue le 11 août 1863 par le traité d'Oudong et qu'a cimentée celui de Pnom-Penh, le 17 juin 1884, tout en faisant bénéficier la France de sérieux avantages, lui donne la faculté d'ouvrir à l'intelligente nation des Khmers de nombreux débouchés commerciaux, de faire respecter ses droits légitimes et d'assurer à jamais la paix et l'indépendance de son royaume.

V

MERVEILLES ARCHÉOLOGIQUES.

Le Kambodge ou Cambodge, en langue du pays : Khmer ; en chinois : Kam-pou-tchi ; en siamois : Kamphuxa (1), était, il y a quelques siècles, le foyer d'une brillante civilisation. On pourrait dire, du reste, d'après des sources authentiques, que ce royaume fut peut-être l'un des premiers du monde où germa d'une façon merveilleuse le génie artistique de l'antiquité.

(1) V. L. Grégoire, *Dictionnaire encyclopédique.*

Son sol est recouvert de toutes parts de ruines nombreuses et splendides, débris éclatants de la grandeur sociale des anciens Khmers. Ces chefs-d'œuvre de pierre, à la conception hardie, au style à la fois étrange et superbe, peuvent seuls, suivant l'avis de voyageurs dignes de confiance, pénétrer l'âme d'enthousiasme, d'admiration et d'intérêt pour une nation qui a donné naissance à des artistes qu'on doit hautement nommer, à l'exemple de MM. Delaporte et Cotteau, les Michel-Ange de l'extrême Orient.

On retrouve parmi ces monuments remarquables certaines analogies avec quelques-unes des grandes œuvres classiques de l'Égypte et de la Grèce, auxquelles elles ajoutent des formes laborieuses, complexes, tourmentées.

« On y découvre des ensembles admirables de retraits, de superpositions de galeries à jour, pyramides et flèches innombrables. Des effets de sombre et de clair les enrichissent sans en altérer la majestueuse harmonie (1). » C'est, en un mot, une importante collection de merveilles architecturales digne de captiver l'admiration des premiers archéologues de l'Europe.

Il serait à souhaiter que ces trésors artistiques fussent connus davantage, dans l'intérêt même de nos écoles modernes, qui sauraient y puiser de précieux enseignements sur l'art khmer, demeuré ignoré depuis tant de siècles.

A la description détaillée des restes splendides que nous signalons, on conclut aisément que la destination d'un grand nombre des édifices qu'ils constituaient autrefois était réservée aux différents cultes du peuple à travers les âges : pagodes,

(1) Lt Delaporte, *Voyage au Cambodge.*

sanctuaires de tout genre consacrés aux divinités indiennes. Certains de ces monuments, tels que, par exemple, la cellule Arson-Maha-Rosey, l'ermitage du Grand-Anachorète, devaient être affectés vraisemblablement aux exercices de la religion bouddhique.

Les autres, comme Vaht-Ta-Prohm, la pagode de l'ancêtre Brahma, Préasat-Néang-Khman, les tours de la dame noire (déesse Kali), appartenaient au culte brahmanique. L'un des principaux de ces temples est celui de Phnom-Chiso ou Isvara (montagne de Siva), que l'on découvre au sommet d'un coteau abrupt ; on y arrive par une suite de terrasses superposées taillées dans le flanc de la montagne et soutenues à divers endroits par d'épaisses murailles.

La plupart de ces imposantes constructions sont précédées de lacs artificiels et de grands réservoirs présentant quelque similitude avec les tanks (bassins d'irrigation de l'Inde). On remarque également à l'entour d'admirables grottes dissimulées sous la verdure, susceptibles d'offrir un abri bienfaisant contre la chaleur du climat, mais dans lesquelles il serait imprudent de s'aventurer sans certaines précautions, car elles servent parfois de retraite à de dangereux reptiles.

Non loin d'Oudong se détachent les monuments des « Quatre-Collines », que couronnent d'élégantes pyramides ; ces petits édifices, envahis par la végétation, forment un ensemble de chapelles à demi-chinoises supportées par des éléphants de granit.

C'est en ce lieu que sont inhumés les derniers rois du Cambodge. Il y a quelques années, la reine-mère fit construire sur l'une des collines un vaste temple qui abrite une statue colossale : le Bouddha de dix-huit coudées.

Le long de la frontière annamite, sur le territoire khmer, se découvrent des ruines d'un caractère différent rappelant les sentiments belliqueux de la nation cambodgienne ; ce sont des débris de forteresses, de tours, de remparts, etc., échelonnés sur une assez grande distance par groupes ou isolément (1).

(1) Tous ces renseignements relatifs aux merveilles archéologiques ainsi qu'au passé historique des Khmers sont puisés, pour la plupart, dans l'ouvrage du lieutenant Delaporte, *Voyage au Cambodge*, auquel nous engageons vivement le lecteur à se reporter.

VI

ANGKOR. — MERVEILLES ARCHÉOLOGIQUES.

(*Suite.*)

Nous ne saurions passer sous silence l'ancienne métropole d'Angkor sans manquer à l'hommage que nous tenons à rendre ici au génie khmer, aussi devons-nous signaler un lieu qui, tout en faisant actuellement partie du royaume de Siam, n'en est pas moins le représentant immortel de l'art merveilleux du Cambodge ancien, art qui doit, pour toujours, assurer au royaume des Khmers l'admiration des nations modernes.

Les ruines d'Angkor, situées au nord du Grand-Lac, à peu de distance de la ville actuelle de Siem-Réap, dans la province d'Angkor (l'une des deux belles provinces d'Angkor et Battambang, dont le gouvernement français eut, en 1867, l'impardonnable faiblesse de favoriser l'abandon au roi de Siam), représentent une des merveilles de l'univers.

Si l'on visite au palais du Trocadéro le précieux musée khmer dû à l'initiative de l'intrépide explorateur Delaporte, on peut se pénétrer, en France, des admirables proportions que nous allons essayer de décrire.

Le musée khmer, primitivement installé à Compiègne, puis transféré à Paris, lors de l'Exposition universelle de 1878, se compose de nombreux spécimens archéologiques importés d'Angkor, au prix de difficultés inouïes par les soins de M. Delaporte. Cette création magnifique a désormais sa place au rang des grandes œuvres du monde par le style superbe de ses collections.

Qu'il nous soit permis de rendre ici un respectueux hommage à son éminent fondateur, l'une des gloires de la marine française.

Au temps de sa puissance, Angkor-thôm la Grande couvrait une superficie de treize kilomètres carrés ; elle fut à différentes époques, ainsi qu'on le verra d'autre part dans les notes historiques, le siège du gouvernement cambodgien. Les restes de l'ancienne capitale sont entourés aujourd'hui d'une imposante muraille de neuf mètres de hauteur, garnie d'ogives sculptées rappelant les créneaux des fortifications de l'Inde ; la place qu'occupait jadis la grande résidence royale est recouverte maintenant d'une forêt majestueuse sous laquelle on retrouve les vestiges grandioses du passé (1).

La majeure partie des constructions date du xe siècle de notre ère, et paraissent avoir été brusquement interrompues au XIVe ; elles marquent une phase particulière de la religion bouddhique, alors que, sous l'influence des États hindous et de Ceylan, se croisaient les mythes de Brahma ainsi que diverses autres croyances, comme celles de Siva, Vichnou, Kama, la grande doctrine, etc. (2).

Certains bas-reliefs et statues qui ornent les monuments de l'antique métropole représentent le « Brahma aux quatre têtes », la Trimourti ou divinité indienne, que composent Brahma le créateur, Vichnou le conservateur et Siva le destructeur ; on remarque aussi les personnages et les scènes

(1) Lt Delaporte, *op. cit.*
(2) Élisée Reclus, *Nouv. géographie univ.*, 1883.

des grandes épopées hindoues; quelques traces du culte du serpent s'y retrouvent en plusieurs endroits, représentées par le Naga aux sept têtes (1).

L'édifice le plus saisissant des ruines merveilleuses d'Angkor-thôm est l'immense temple du Baïon, le plus extraordinaire peut-être des monuments khmers.

Précédé par l'une des entrées de l'ancienne ville, la « Porte des Morts », qui constitue à elle seule un chef-d'œuvre architectural, la superbe structure du Baïon apparaît, comme une masse granitique ciselée par des géants. Impossible, assure-t-on, de rien rêver d'aussi étrangement majestueux que cet ensemble de pierres séculaires qu'enlace une végétation prodigieuse.

Mille débris de blocs écroulés et de fragments de sculpture, témoignage de

(1) Élisée Reclus, *op. cit.*

l'œuvre destructive des temps, environnent l'antique construction. La partie centrale est un ouvrage d'un genre unique, de forme oblongue, orné de dessins bizarres et de faces humaines aux dimensions monstrueuses.

Cinquante tours pyramidales, richement ouvragées, représentant des figures de Bouddha, surmontent le temple qu'entourent d'imposantes galeries à deux étages supportant des campaniles aériens; ces campaniles sont eux-mêmes dominés par un troisième étage au centre duquel s'élève la quadruple tête de Brahma.

Toujours dans la forêt, à une distance de cinq à six kilomètres d'Angkor-thôm, on découvre, dans une sorte de clairière, les somptueux bâtiments d'Angkor-wat ou pagode royale qui sont les mieux conservés de tous les travaux cambodgiens, et dont les proportions colossales priment, en ce sens, les œuvres importantes de la Grèce et de l'Italie.

On y accède par une chaussée dallée environnée de dragons à neuf têtes et de lions fantastiques.

Ce merveilleux vaisseau s'embrasse d'un coup d'œil, grâce à sa situation, dégagée du réseau inextricable de lianes et d'arbustes sous lesquels disparaissent les autres monuments. Il est formé par trois grandes galeries superposées, d'une architecture sans précédent, surmontées de tours en forme de tiares aux étages dentelés ; une tour plus élevée que les autres (celle du sanctuaire), construite dans le même style, surgit du milieu de l'édifice, le dominant complètement.

La construction d'Angkor-wat est de beaucoup ultérieure à celle du Baïon, ses ornements sculpturaux en sont plus nombreux et plus ouvragés, le beau y est enfin présenté sous un autre genre plein de délicatesse et d'harmonie.

Une nappe d'eau entoure l'antique pagode, précédée d'un pont magnifique en pierres sculptées, flanqué de deux riches colonnades ; ainsi placée, elle semble émerger du sein des flots et doit offrir aux regards émerveillés un spectacle aussi imposant que superbe. Il est d'ailleurs facile de se faire une idée de l'ensemble des proportions d'Angkor-wat sachant que sa façade principale n'a pas moins de deux cent cinquante mètres de longueur, que son premier étage a près d'un kilomètre de pourtour et que sa tour principale atteint soixante mètres d'élévation.

Autour de cette métropole du bouddhisme indo-chinois sont groupés des monastères et des villages où des bonzes, préposés à la garde du sanctuaire, s'y livrent à la prière et à diverses occupations de piété ; une multitude de pèlerins, de malades, d'infirmes y affluent de toute part, comme un dernier vestige des exercices religieux qui sanctifiaient autrefois ces antiques murailles.

Dans un périmètre considérable, mille richesses archéologiques se succèdent ainsi à perte de vue sur le territoire cambodgien et sur celui de la province d'Angkor; dans cette dernière seule, l'étendue s'évalue à quarante kilomètres. Outre les palais si admirablement décorés, on remarque çà et là d'immenses galeries, peuplées de statues colossales; des restes d'escaliers monumentaux, que semblent garder des lions de granit, placés à leurs extrémités; de belles terrasses, agrémentées d'éléphants et d'animaux fantastiques.

Les monuments khmers étaient déjà connus des missionnaires vers le XVIe siècle, mais l'attention du monde occidental n'avait jamais été sérieusement attirée sur ces ruines grandioses avant 1861. A cette époque, le savant naturaliste français Mouhot publia, à la suite d'une exploration qu'il fit en Indo-Chine, un ouvrage remarquable et signala ainsi aux nations d'Occident, dans un style rempli d'enthousiasme, les splendeurs du Sud asiatique (1).

Les inscriptions retrouvées dans l'intérieur des édifices demeurèrent longtemps indéchiffrables. Fort heureusement on arriva à constater que quelques-unes des épigraphes étaient bilingues (mi-sanscrit, mi-idiome cambodgien), l'emploi de ces deux langues permit à MM. Ker et Aymonnier d'interpréter un certain nombre des inscriptions qu'elles constituaient; plusieurs d'entre elles attestent la prépondérance de la civilisation de l'Inde à diverses époques

(1) V. Élisée Reclus, *op. cit.*

de l'histoire cambodgienne. D'après le *Journal officiel* du 14 août 1882, l'épigraphe la plus ancienne date de l'an 667 de l'ère actuelle (1).

Lorsqu'on prend connaissance des traductions fournies par les documents khmers, quand on se pénètre des magnificences artistiques qui enrichissent ces régions ignorées hier, à peine connues aujourd'hui, dans lesquelles on aurait pu s'attendre à ne trouver, comme dans beaucoup de contrées de l'extrême Orient, que des paillottes ou des huttes en bois, quand on se retrace enfin les épopées glorieuses du Cambodge, on apprend à estimer le peuple khmer d'autrefois et à espérer dans l'avenir de ses descendants (2).

(1) V. Élisée Reclus, *op. cit.*
(2) Id., *ibid.*

VII

ESQUISSE HISTORIQUE DU PASSÉ (1).

On éprouve d'assez sérieuses difficultés à reconstituer d'une manière exacte l'origine de la nation khmer, en présence surtout de données légendaires dont l'authenticité ne laisse pas que d'être extrêmement discutable. Différents sinologues,

(1) Comme nous le signalons précédemment, cette esquisse historique du passé (chap. VII, VIII et IX de notre travail) est basée sur la note historique du lieutenant Delaporte dans l'appendice de son ouvrage, *Voyage au Cambodge*, note à laquelle nous avons joint quelques renseignements personnels.

qui ont essayé de s'appesantir sur ce point, nous fournissent des relations très confuses, entremêlées de versions diverses et contradictoires; nous en extrairons celles qui nous paraissent les plus vraisemblables sans en garantir toutefois l'exactitude absolue.

Suivant des traditions locales assez accréditées, le Cambodge primitif se serait successivement appelé Kouk, Thelot, Nakhon, Noka et Angkor. Le berceau de la race cambodgienne semblerait remonter au IIIe siècle avant notre ère et aurait été formée par l'établissement dans la contrée de peuplades chinoises du nom de Khamen dong ou Boran et par quelques indigènes appelés Tchong. Le mélange de ces tribus aurait formé les Khamen ou Kuhmers.

La royauté paraît avoir été de tout temps le régime gouvernemental du pays.

Sous les longues séries de monarques qui s'y sont succédé, le royaume aurait tour à tour périclité et progressé. Malheureusement depuis l'origine de la nation khmer jusqu'au XIVe siècle, l'histoire politique du Cambodge n'est relatée que par des récits rentrant pour beaucoup dans le domaine de la légende. Nous relevons néanmoins parmi les souverains que signalent M. Delaporte, comme émanant des traditions populaires, les noms de Thomméa Sokrach, auquel on attribue l'introduction du bouddhisme au Cambodge, de Préa-Ket-Méaléa, qui jeta, dit-on, les premières fondations d'Angkor-Vat en 457, de Bantumo-Saurivong, sous le règne duquel le Cambodge aurait été tenu en échec et sa puissance sensiblement amoindrie (543).

L'avènement au trône d'un certain roi lépreux marque également une période de décadence; on crut toutefois devoir ériger à ce monarque une statue, découverte plus tard dans les ruines d'Angkor-Thôm.

Quelques-unes des croyances légendaires qui précèdent tendent à faire remonter la construction des principaux édifices cambodgiens aux premiers siècles de nôtre ère, mais ces récits sont dénués de toute vraisemblance; nous tenons d'ailleurs de sources autorisées la date de leurs édifications à des époques de beaucoup ultérieures.

En compulsant les documents fabuleux ou véridiques ayant trait à l'histoire cambodgienne, on reconnaît que le pays fut de tout temps victime des convoitises des nations avoisinantes et à la fois en butte à de nombreuses dissensions intérieures, depuis les époques les plus reculées jusqu'à nos jours. Les annales chinoises rapportent que, dès le IIe siècle, les Khmers payaient un tribut à l'empire du Ciel, sujétion dont ils surent s'affranchir pour s'y soumettre alternativement.

Vers 722, le caractère guerrier des Cambodgiens leur fit entreprendre, de concert avec d'autres peuples voisins, une importante expédition contre la Chine, expédition qui, dirigée par un prince annamite, l'empereur noir, ne fut point suivie de succès et eut pour résultat d'astreindre le Siam et le Cambodge à payer un tribut au Céleste Empire pendant près de deux siècles.

On signale la présence en 1128 d'un résident chinois au Cambodge.

L'année 1153 marque la conquête du Ciampa par les Cambodgiens (1).

(1) Le Ciampa, aujourd'hui province de Binh-Thuam (possession annamite).

Enfin, au XIIIe siècle, l'important État des Khmers est envahi par les troupes de Khoubilai, puissant empereur de Chine d'origine tartare, qui avait formé le dessein d'annexer le royaume à sa couronne, mais dont le téméraire projet dut échouer devant l'attitude vaillante de ses adversaires.

En dépit des nombreuses agitations auxquelles nous le voyons livré, le pays cambodgien ne cesse de prospérer et devient le foyer d'une brillante civilisation. Ce fut pendant la longue période écoulée entre le XIIe et le XIVe siècle que les États khmers paraissent avoir atteint l'apogée de leur grandeur. On commence du reste, vers ces époques, à sortir des équivoques historiques, et, suivant les sinologues, la chronique royale du Cambodge fournit dès lors des renseignements d'une certaine exactitude; mais c'est de ce moment aussi que date une longue série d'incursions et de guerres, qui devaient fatalement entraîner la décadence d'une race intelligente et valeureuse, et amoindrir, par suite, l'importance de son territoire.

Selon les chroniqueurs, Angkor-Thôm ou Entiphat, Indra-pastha (ville d'Indra), était le siège de la puissance royale cambodgienne en 1350. Cette ville tomba plusieurs fois au pouvoir des Siamois, que leurs invasions fréquentes avaient rendus redoutables.

Harcelés en même temps vers le nord par les Pégouans, les Khmers durent se replier devant les envahisseurs, et l'année 1353 signala une première fois l'entrée du roi de Siam Phra-Rama-Thibodi dans la capitale du Cambodge. Les Cambodgiens, persévérants et infatigables, secouèrent le joug siamois en 1358 et réinstallèrent sur le trône d'Angkor leur prince légitime.

L'an 1372 fut de nouveau funeste au peuple khmer, car il marqua encore la prépondérance du royaume de Siam sur Angkor. Cette ville fut reconquise quelque temps après par le prince du Cambodge, lequel, soutenu par les Annamites, pénétra à son tour, en 1384, dans le Siam; mais le roi Phra-Ramea-Suen le repoussa jusqu'à Angkor, qui retomba au pouvoir siamois durant un demi-siècle.

A la suite de ces combats successifs, un grand nombre de Cambodgiens sont faits prisonniers par Phra-Ramea.

La ville de Basan devient alors le siège de la cour cambodgienne, puis l'année 1338 inaugure Pnom-Penh comme nouvelle capitale. Enfin nous retrouvons en 1437 le gouvernement khmer une dernière fois installé à Angkor.

A quel enchaînement de mouvements belliqueux réciproquement soutenus doit-on attribuer la restitution au Cambodge de son ancienne métropole ? Nous ne saurions fidèlement le retracer; toujours est-il qu'à dater de 1437 Angkor-Thôm semble ne plus cesser de faire partie du royaume.

VIII

ESQUISSE HISTORIQUE DU PASSÉ.

(*Suite.*)

De 1468 à 1512, le Cambodge est constamment troublé par des divisions intestines qui ensanglantent son sol et diminuent sa puissance. Ces luttes continuelles, suscitées par des membres de la famille royale, obligent le roi Préa-Thommea à transférer derechef sa résidence à Tnom-Penh.

Ce prince avait deux fils; l'un lui succéda en 1504 et mourut assassiné huit ans après; l'autre, Ang-Chan, voyant ses droits contestés à la mort de son frère, se réfugia chez les Siamois; ceux-ci l'aidèrent à reconquérir sa couronne, ce qui lui permit de rétablir la paix dans le royaume.

Ang-Chan fixa sa résidence gouvernementale à Lovêk; il régna avec sagesse pendant quatorze ans; à l'expiration de cette période, durant laquelle les Khmers avaient joui d'une heureuse tranquillité, les Siamois, jaloux de leur bien-être et surtout de la prospérité commençant à renaître sous cette ère de paix, provoquèrent le Cambodge à une guerre longue et désastreuse; les hostilités qui s'ensuivirent devaient alternativement se prolonger pendant près de cent ans (1530 à 1627).

Au début de la campagne, Ang-Chan parvint à dissiper l'armée des assaillants; mais, vaincu en 1532 par Chakrapat, roi de Siam, le monarque cambodgien, contraint d'abandonner sa capitale à l'ennemi, eut la douleur de voir ses fils emmenés, à titre d'otages, par le prince siamois ; ce dernier, ayant repris l'offensive en 1542, fut battu à Angkor. La guerre n'en continua pas moins, tantôt favorable, tantôt contraire aux deux pays.

Une armée siamoise, forte de quatre-vingt mille hommes, envahit le pays khmer l'an 1555 ; les Cambodgiens la repoussèrent avec avantage. Le roi Ang-Chan étant mort quelques années après, son successeur fit à son tour une invasion dans le Siam, sans amener de nouveaux résultats.

Vers 1584, deux monarques que l'on suppose être les fils ou les descendants du précédent, règnent ensemble sur le Cambodge. L'année suivante, un roi de Siam, Pkra-Chao-Naret, représenté par les annales chinoises comme un guerrier très entreprenant, battit l'armée cambodgienne et parvint à se rendre maître de Lovèk à la suite d'une odieuse trahison d'un de ses habitants, proche parent, affirme l'histoire, des deux princes régnants (1585).

Le Cambodge devient alors, durant un grand laps de temps, tributaire des Siamois.

Une suite de monarques, toujours en dissensions avec le Siam et l'Annam, se succèdent sur ce trône jusqu'en 1658 et adoptent tour à tour Oudong et Pnom-Penh pour capitales.

En 1658, le roi Préa-Réama-Thiphdery-Chan est fait prisonnier par les Annamites. Les États khmers, peu de temps après, se voient livrés à la guerre civile, suscitée par le Siam et l'Annam, qui patronnaient chacun différentes candidatures au trône du Cambodge. Le parti soutenu par les Siamois triomphe enfin et amène au pouvoir, en 1690, le prince Chan-Phnéa-Sor; le nouveau monarque régna trente-neuf ans et abdiqua en faveur de son fils Préa-Sotha.

Le règne de Préa-Sotha fut de moindre durée ; détrôné dix ans après par son oncle Ang-Snguon, ce dernier soutint une longue guerre avec les Annamites, guerre qui eut pour effet la cession à l'Annam des provinces de Bassac, Travinh et Vinh-Long.

L'année 1770 marque un nouvel envahissement du Cambodge par le prince siamois Phaya-Tak ; celui-ci, successivement vaincu et victorieux, renversa le gouvernement d'Ang-Ton, fils d'Ang-Snguon, et imposa aux Khmers un certain roi Ang-Nom, dont les droits n'étaient nullement justifiés. Vainqueurs à leur tour, les Cambodgiens rétablirent peu après Ang-Ton au pouvoir ; le roi Ung-Van lui succéda et sut reprendre aux Annamites les provinces de Mi-Tho et de Vinh-Long.

A la mort d'Ung-Van, le fils d'Ang-Ton, Ang-Eng, héritier légitime de la puissance souveraine, fut proclamé roi. On adjoignit toutefois à ce prince, trop jeune encore pour supporter seul le poids de la couronne, une sorte de régent appelé Moi.

Moi provoqua dans le royaume des mécontentements nombreux et, en 1784, à la suite d'une insurrection, il se vit contraint d'aller se réfugier à Bangkok, emmenant avec lui le jeune monarque Ang-Eng. Ce dernier, ayant atteint sa majorité en 1794, reprit possession de son royaume et crut devoir céder aux Siamois les provinces de Battambang et de Siemreap.

C'est sous le règne d'Ang-Eng que fut écrite la chronique royale du pays khmer depuis 1346 à 1796.

Le XVIIIe siècle inaugura au Cambodge une ère nouvelle de civilisation ; les divers usages de cette période reportent en effet la pensée au cours les plus brillants de l'Orient. La capitale, qui était alors Cambodge, appelée aussi Ravecca, arrosée par l'un des bras du Mékong, se trouvait bâtie sur une levée qui la préservait des inondations fréquentes du Grand-Fleuve.

Beaucoup de Japonais, de Cochinchinois, de Malais, de Portugais trafiquaient dans la contrée. Un certain nombre de missionnaires d'Occident y apportaient des lumières et des coutumes civilisatrices et étaient l'objet de la part des Khmers d'un accueil respectueux et sympathique.

Le palais du roi se trouvait entouré de fortifications défendues, d'après le docteur Moreri, par plusieurs pièces de canon du Céleste Empire.

Suivant toujours les rapports du célèbre théologien que nous venons de citer, la résidence royale était, en outre, armée de vingt-cinq pièces d'artillerie hollandaise provenant de deux navires de cette nationalité qui auraient échoué sur la côte cambodgienne à des époques antérieures.

La cour se composait de seigneurs de classes différentes ; les plus hauts placés portaient le titre d'« Okinas », des dignitaires de moindre importance venaient ensuite : les Thonimas, les Nampas, les Sabandars ; ils avaient chacun leur rang, mais souvent sans aucune fonction particulière. Les Okinas seuls avaient des charges spéciales, leur mandat équivalait à celui de conseiller d'État.

Quand les Okinas allaient à l'assemblée, ils étaient revêtus de fracs brodés d'or et portaient chacun trois boîtes d'or massif, remplies de cardamome et autres parfums orientaux ; dès que les membres du conseil arrivaient en présence du roi, ils s'asseyaient à terre en demi-cercle devant les Tonis ou grands du royaume.

Lorsqu'un ambassadeur était admis en audience solennelle, il prenait place au-dessous des Okinas et se tenait à vingt-cinq pas du monarque, ainsi que le prescrivait l'étiquette. Les prêtres avaient seuls la faculté de s'approcher davantage de la personne royale.

Ce cérémonial antique, empreint d'une réelle majesté, donne une haute idée de l'esprit moralement civilisateur sur lequel a toujours reposé le caractère cambodgien.

Deux régiments d'armes d'élite constituaient la garde d'honneur du prince khmer; les écuries du palais contenaient une quinzaine d'éléphants dressés pour la guerre et pour la chasse.

IX

ESQUISSE HISTORIQUE DU PASSÉ.

(*Suite*)

En 1806, Préa-Ang Chan, successeur de Préa-Ang-Eng, monta sur le trône à l'âge de seize ans. Dans le but de se concilier les sympathies de l'Annam contre les Siamois, continuellement hostiles au pays khmer, le jeune souverain reconnut la suzeraineté des Annamites sur ses États.

L'alliance ainsi contractée ne confirma pas la sécurité qu'on aurait pu en attendre, dès l'année 1808, les Siamois parvinrent à envahir encore le Cambodge, se rendirent maîtres de Battambang et obligèrent Ang-Chan à leur payer un tribut annuel. Le roi de Siam conféra, en outre, les titres de deuxième et troisième rois aux princes Ang-Snguon et Ang-Em, appelés à suppléer Ang-Chan et même à exercer une sorte de contrôle sur son gouvernement personnel; la suprématie du prince légitime se trouvait, par suite, réduite à une autorité fictive presque outrageante pour la dignité royale.

Les revers ne devaient point se borner là. Une insurrection éclata soudain à Compong-Soaï; ses résultats livrèrent aux Siamois les provinces de Tonley-Repou et de Mulu-Prey.

Aigri par tant d'épreuves successives, le roi Ang-Chan fit mettre à mort des mandataires du roi de Siam; celui-ci, immédiatement averti du meurtre de ses délégués par les soins de Snguon, qui s'était retiré à Pursat, leva une armée considérable pour marcher de nouveau sur le Cambodge. Les troupes d'Ang-Chan furent défaites, et l'infortuné monarque se vit contraint d'aller chercher un refuge chez les Annamites.

A la suite de nombreuses négociations entre le Cambodge et le Siam, le prince cambodgien put enfin remonter sur son trône, mais en demeurant toutefois tributaire des rois de Siam et d'Annam.

Cette double sujétion subsista jusqu'en 1824.

En 1831, une armée siamoise, à la tête de laquelle se trouvaient les généraux le Bodyn et le Krohom, pénétra au Cambodge sous le prétexte d'intervenir dans une révolte qui s'était déclarée à Pursat. Les troupes du roi de Siam furent repoussées tout d'abord au combat de Nianas.

Ayant continué les hostilités après cette défaite, les Siamois essuyèrent un second échec à Pnom-Penh, mais en abandonnant la capitale cambodgienne, le Bodyn incendia la ville.

Les Annamites qui avaient prêté un puissant concours aux derniers succès du Cambodge s'y trouvaient par suite presque prépondérants ; ils fortifièrent les restes de Pnom-Penh, et, à la mort d'Ang-Chan, survenue l'année 1832, ils établirent son fils aîné, Ang-Mey, sur le trône khmer. Le jeune prince eut comme premier ministre le mandarin Iru-Ong-Minh-Grang, sur lequel reposa la gestion des affaires gouvernementales.

De 1837 à 1845, des discordes nouvelles agitent le Cambodge. Cette fois les Annamites en sont les instigateurs ; les provinces de Compong-Soaï et de Compong-Sougen se soulèvent ; le pays est livré encore aux horreurs de la guerre civile.

Cependant les seigneurs khmers aspirent

à l'avènement au trône d'un souverain pacificateur, sous la sage administration duquel ils seraient désireux de voir s'ouvrir une ère de paix et d'amendements intérieurs.

Deux princes de la famille royale, Ang-Em et Ang-Duong, fils d'Ang-Em (autrefois élevé, par la volonté du roi Siam, à la dignité de troisième roi du Cambodge, sous le règne d'Ang-Chan), pourraient l'un ou l'autre réaliser le vœu des nobles Cambodgiens. Ang-Em est nommé gouverneur de Battambang, mais il devient prisonnier des Annamites et meurt en captivité quelques années plus tard.

Enfin, après certaines négociations, les seigneurs obtiennent du roi de Siam l'envoi de troupes sous les ordres du Bodyn ; le général siamois parvient à établir sur le trône du Cambodge le prince Ang-Duong, qui venait de soumettre la ville de Pursat et devant lequel les Annamites se voient contraints d'évacuer le territoire khmer.

Vers 1838, l'Annam, par un procédé discourtois, provoqua le retour d'hostilités annamito-cambodgiennes.

Le roi Ang-Duong avait eu à réprimer une révolte ayant pris naissance dans ses États; il invita le roi d'Annam à lui livrer les meneurs de l'insurrection, qui s'étaient réfugiés dans son royaume ; le souverain annamite, désireux sans doute de trouver une circonstance susceptible de raviver les vieilles haines réciproques, accueillit par un refus formel la demande du prince khmer et de nouvelles guerres s'ensuivirent. Le résultat de ces combats fut, après des fortunes diverses, le légitime triomphe de la cause cambodgienne.

L'année 1845 marque le renouvellement de luttes sanglantes dans la partie est de la péninsule transgangétique. L'Annam veut alors faire prévaloir les droits d'un fils d'Ang-Em (l'ancien gouverneur de Battambang) à la souveraineté du Cambodge ; les phalanges khmers, soutenues par le Siam, résistent avec héroïsme, mais ne peuvent empêcher l'ennemi de s'emparer de Pnom-Penh, que défend une armée siamoise sous les ordres du Bodyn. Quelques mois plus tard, les Annamites sont néanmoins repoussés et mis en déroute à la bataille de Boren.

Malgré les derniers échecs que venaient de subir les troupes du roi d'Annam, elles réussirent cependant à assiéger la ville d'Oudong, protégée encore par les Siamois. Ce siège donna lieu à des pourparlers définitifs qui devaient enfin apporter une trève salutaire aux combats presque incessants qui désolaient le Cambodge depuis tant de siècles.

La paix fut donc conclue. Selon les clauses du traité, les Annamites eurent à retirer les prétentions revendiquées par eux au commencement de la campagne ; les fortifications de Pnom-Penh et celles d'Oudong durent être rasées et les trois puissances s'allièrent pour une durée relative.

Le roi Ang-Duong mourut en 1860, après avoir accompli des choses dignes de la mémoire et de la reconnaissance de son peuple. Le prince Ang-Chrelang, son fils aîné, lui succéda sous le nom de Préa-Noroudam (Norodom 1er).

Ainsi qu'on peut le constater, le passé du Cambodge est celui d'un État durement éprouvé par les funestes résultats de conflits toujours renaissants, mais il représente aussi les glorieuses épopées d'une nation vaillante, amie sincère de la civilisation et du progrès ; le règne d'Ang-Duong constitue une des belles pages de son histoire. Monarque d'une rare sagesse, d'un esprit vaste et éclairé, il sut faire revivre dans ses États le bien-être général et y concilier à la fois les intérêts politiques et commerciaux.

Grâce à la sollicitude de ce prince, le pays khmer bénéficia d'améliorations nombreuses qui le firent distinguer alors de toutes les autres contrées de l'extrême Orient ; les voies de communication par terre acquirent un développement jusque-là inconnu, et un excellent état d'entretien assura leur conservation.

Oudong, capitale du royaume, durant ce règne, fut l'objet de soins particuliers. « Au nombre des grandes artères qui rayonnent autour de la ville, la belle et large avenue construite sur la chaussée en maçonnerie, se prolongeant de Kompong-Luong jusqu'à Oudong, est une des œuvres remarquables du roi Ang-Duong. La route importante que nous signalons se relie à Chang-Hoa au chemin d'Oudong à Kampot (1). »

(1) *Notices coloniales.*

Malheureusement, une grande partie de réseaux si bien combinés sont aujourd'hui détériorés en maints endroits par l'action des inondations périodiques, auxquelles ces régions sont soumises ; les injures du temps ont fait aussi disparaître sans pitié beaucoup des magnifiques tracés dus à la sage initiative du prince précédent. Dans l'intérêt de la prospérité renaissante du Cambodge, il serait à désirer que ces travaux ingénieux fussent repris et que les réparations nécessitées par l'influence destructive du climat y soient apportées avant peu.

Bien que doué de brillantes qualités natives, l'auguste Préa-Norodom, fréquemment troublé dans son gouvernement par des dissensions extérieures et intestines, n'a pu jusqu'ici continuer l'œuvre de son prédécesseur.

Nous sommes convaincu toutefois que le royal descendant des princes khmers, désormais abrité sous les plis du pavillon de la France, saura reprendre à son tour les travaux commencés, et couronner dans un avenir prochain la tâche admirable de son illustre père.

X

SITUATION ANTÉRIEURE A 1884.

AVANT la nouvelle réorganisation constitutionnelle de 1884 intervenue au Cambodge par la volonté du roi Norodom et sous les auspices de la diplomatie française (les événements de 1863 n'ayant apporté que des changements insuffisants aux institutions administratives de l'époque), la suprématie des souverains khmers s'exerçait d'une façon absolue sur les biens et la vie de leur sujets.

Le prince régnant avait la faculté excessive de choisir ses mandarins sans en étudier les mérites administratifs ou littéraires. Autour de la personne royale étaient groupés différents dignitaires n'ayant aucun pouvoir réel sur les affaires du pays ; ils étaient presque tous alliés au monarque à des degrés de parenté plus ou moins éloignés.

Le premier, frère du roi, portait le titre d' « Obbaréach » ; si le prédécesseur du roi existait encore, après avoir abdiqué en faveur de ce dernier, on le revêtissait de la dignité d' « Obbaiouréach ». Chacun de ces personnages avait une cour semblable à celle du chef effectif de l'État.

Cinq grands mandarins ou ministres, qu'on nommait les « cinq Colonnes du royaume », étaient immédiatement appelés, sous l'autorité du souverain, à contrôler l'administration des provinces que des gouverneurs en sous-ordre régissaient respectivement.

Les titres et attributions des grands mandarins se répartissaient de la manière suivante :

1° Le Luc-Chaufea (premier ministre), président du conseil; son sceau remplaçait celui du roi;

2° Le Luc-Ymereck, auquel incombait l'organisation pénitentiaire (ministre de la justice);

3° Le Luc-Veang, intendant général (ministres des finances);

4° Le Luc-Kralahom, chargé de la navigation et de la police des rivières (ministre de la marine);

5° Le Luc-Chekrey, qui s'occupait d'une manière spéciale des grands transports, par voies terrestres, d'éléphants, buffles, bœufs, etc., et que l'on qualifiait, dans les derniers temps, de ministre de la guerre.

On divisait alors le Cambodge en 57 provinces :

41 relevaient de l'autorité directe du roi, qui les administrait par l'entremise de ses ministres ; 7 constituaient l'apanage de l'Obbaiouréach (ou ex-roi) : si cette dignité était vacante les provinces s'y rattachant faisaient retour au lot royal ; 5 étaient gouvernées par l'Obbaréach (premier frère du roi) ; 3 formaient les prérogatives de la reine-mère, à laquelle on donnait le titre de Somdach-préa-voréa-chini. Enfin le président du conseil des ministres (le Luc-Chaufea, qu'on appela aussi Luc-Akama-hasena) administrait personnellement une province et payait, de ce chef, un impôt annuel à la couronne.

L'ancien roi, le premier prince et la reine-mère gouvernaient leurs provinces (1)

(1) Nous tenons des *Notices coloniales* les titres et fonctions des anciens dignitaires.

par l'intermédiaire de mandarins dépendant de leurs personnes.

La législation exigeait des améliorations diverses. Les magistrats chargés d'appliquer les lois et de rendre la justice devaient prélever leurs uniques émoluments sur les amendes infligées aux plaideurs ; il résultait de ce système de perpétuelles infractions à l'équité, le gain de cause s'adjugeait souvent au plus offrant, sans qu'il soit tenu compte de la légitimité des droits opposés.

Au point de vue commercial, les choses laissaient aussi beaucoup à désirer. Le commerce était le privilège exclusif du monarque; des fermiers chinois l'accaparaient, et le peuple n'en retirait aucun bénéfice ni bien-être. La propriété individuelle n'existant pas alors, les habitants cultivaient le sol, comme colons partiaires, coutume qui conduisait inévitablement les indigènes à l'indolence et au découragement.

Les essais industriels, favorisés d'une manière insuffisante, se développaient avec lenteur, sans émulation ni progrès.

L'esclavage subsistait depuis longtemps au Cambodge dans des conditions abusives ; il fut cependant beaucoup modifié vers l'année 1877. On y distinguait surtout, à cette dernière date, deux sortes d'esclaves : les esclaves ordinaires et les esclaves de l'État.

Les esclaves ordinaires rentraient dans la catégorie des engagés, c'est-à-dire que tout débiteur insolvable devait servir ses créanciers jusqu'à extinction complète des dettes contractées ; il touchait un salaire quotidien pouvant contribuer à son affranchissement.

Les esclaves de l'État étaient simplement des condamnés politiques, astreints chaque année à consacrer trois mois au service du gouvernement, et jouïssaient le reste du temps de la liberté des autres habitants du pays.

Seuls les serviteurs des pagodes formaient une classe à part. On les considérait comme esclaves à vie.

Nous n'affirmerions point que ces différents systèmes d'assujettissement aient disparu aujourd'hui d'une façon complète, bien qu'aux termes des dernières conventions intervenues entre le Cambodge et la France, l'abolition de l'esclavage ait été décrétée; on doit reconnaître, en tout cas, que la servitude commence à être fort atténuée et tend à se rapprocher dès maintenant des habitudes occidentales.

Aux époques antérieures, l'usage monétaire du Cambodge consistait, entre indigènes, à l'emploi de sapèques, sorte de monnaie de zinc d'une très infime valeur.

Dans les trafics importants, la véritable unité monétaire était représentée par le « Vien » (lingot d'argent allongé du poids de 385 gr. 86), qui subsiste encore. D'ordinaire, les transactions se traitaient plutôt par voies d'échanges; les Chinois, ayant monopolisé le commerce, distribuaient aux Cambodgiens, en retour du coton, de la soie, du tabac, etc., que ceux-ci leur apportaient à profusion, l'opium ou l'alcool de riz.

En résumé, la population restait pauvre; exploitée, d'un côté, par la Chine, de l'autre, par une organisation défectueuse, elle n'aurait pas tardé à voir se tarir ses sources de richesses sans un utile revirement administratif.

S. M. Norodom comprit vite qu'un gouvernement constitutionnel, calqué sur ceux des principaux États d'Europe, pouvait seul obvier au régime suranné sous lequel végétait la nation khmer. En prince intelligent et sage, il accueillit avec aménité les avis qui lui furent soumis à ce sujet par les représentants français de la Cochinchine; il en retirera, pour le développement de son peuple, de réels et importants avantages.

DEUXIÈME PARTIE

SITUATION ACTUELLE. — L'AVENIR DU CAMBODGE

XI

RACE CAMBODGIENNE. — PHYSIQUE. — CARACTÈRE. — MŒURS. — PRÉDILECTION DES INDIGÈNES POUR LES HABITATIONS FLOTTANTES.

Le type indigène proprement dit, c'est-à-dire celui issu de pure race khmer sans mélange de sang siamois, chinois ou annamite, offre un ensemble de force et de distinction natives.

Le naturel du Cambodge est de haute taille, robuste, nerveux; il a le teint cuivré, le regard ferme et loyal, la boîte crânienne petite, de forme allongée. Les traits du visage sont généralement dessinés avec finesse; le nez, quoique légèrement épaté est assez saillant; les lèvres sont minces, les yeux un peu obliques, mais bien fendus, le front large. Les hommes portent, ainsi que les femmes, les cheveux courts taillés en brosse au sommet de la tête; cette coutume est surtout répandue dans la haute classe; la chevelure longue forme l'apanage des enfants et des jeunes filles.

On découvre chez certains types khmers la race presque disparue du vieux sang hindou; la physionomie se trouve alors empreinte d'un caractère altier, digne, indépendant, signes distinctifs, étrangers aux autres nations du Sud asiatique; les Siamois et les Annamites, peuples chez lesquels on croirait rencontrer les mêmes similitudes, se rapprochent davantage de l'extraction chinoise.

Le costume ordinaire du Cambodgien se compose, pour le peuple, d'un langouti, sorte de caleçon très court en cotonnade ou en soie, suivant le rang des personnes; les gens d'une situation plus élevée ajoutent à ce vêtement primitif une veste de même étoffe à boutons de métal, agrémentée de broderies ou d'ornements en verre; enfin les grands personnages se parent, en outre, d'une ceinture de soie fort riche.

La femme cambodgienne est bien proportionnée, douée dans la haute classe d'une certaine élégance; elle a adopté aussi le langouti comme vêtement auquel elle joint une longue robe flottante ouverte sur la poitrine; les bras restent nus ou drapés dans une écharpe aux chatoyantes couleurs.

La Cambodgienne possède beaucoup de grandeur d'âme. Fidèle, jalouse, mais fière, il est rare de la voir épouser un Annamite. Les métis du pays tiennent presque toujours de leur père leur origine cambodgienne.

Les Khmers sont patients, résignés, durs à la peine et d'un caractère plus sérieux que la plupart des autres Indo-Chinois ; ils ont conscience des florissantes périodes de leur histoire; ils aiment à parler avec un respect mêlé d'orgueil des ancêtres qui ont immortalisé leur race et se rendent un compte fidèle de l'ancienne suprématie de leur nation. Leurs voisins annamites et siamois affectent à l'égard des Cambodgiens une considération médiocre ; mais, en réalité, ils les craignent et ne peuvent se défendre d'une certaine vénération pour l'esprit quelque peu hautain et vindicatif qui les caractérise (1).

Incontestablement, le Cambodge prime sous de nombreux rapports les nations avoisinantes. Cette appréciation est d'ailleurs confirmée par un grand nombre de voya-

(1) V. E. Reclus, *Nouvelle Géographie universelle.*

geurs qui ont exploré d'une façon détaillée la presqu'île indo-chinoise. A ce sujet, le lieutenant Delaporte dit qu'avec le caractère du paysage et les habitations des contrées d'alentour, le type des habitants présente un notable changement à l'avantage du pays khmer, où les bords du Mékong, sont plus riants et plus fertiles, où l'on remarque de sveltes et spacieuses constructions bâties sur pilotis, faisant contraste avec les humbles et disgracieuses cases des Annamites.

Aux proportions rachitiques de l'indigène d'Annam, dont la physionomie désavantageuse ressort davantage sous la longue chemise de nuance indécise qui lui sert d'habillement, succèdent la structure martiale du Cambodgien, qui n'a pour tout vêtement qu'un léger langouti et dont le corps bronzé reluit au soleil; puis des femmes avenantes, aux formes bien prises, vêtues avec goût du costume national (1).

La poésie, le chant et la musique inspirent, assure-t-on, une prédilection marquée au peuple khmer. Sur les barques qui sillonnent le Grand-Fleuve, les voix des matelots se font entendre, tantôt claires et fraîches, telles qu'un souffle de printemps; tantôt sonores et graves, semblables aux mâles accents d'un barde antique. Enfin les embarcations des grands personnages voguent au son des tambourins, auxquels se joignent les accords du flageolet et de l'harmonica. Les divers genres de bateaux employés par les Cambodgiens donnent aussi une idée des qualités de ceux-ci au point de vue industriel, ils surpassent également à cet égard les Siamois et les Annamites ; on reconnaît de suite, affirme Reclus, la natio-

(1) V. Lt Delaporte, *Voyage au Cambodge.*

nalité des bateliers à l'aspect seul de leurs barques (1).

Les embarcations cambodgiennes sont à la vérité les mieux conditionnées ; leurs constructeurs y apportent un soin spécial et les convertissent souvent en habitations ; un grand nombre de ces sortes de résidences flottantes sont amarrées le long du Mékong, près de la ville de Pnom-Penh et constituent ainsi un faubourg d'un nouveau genre habité par une population nombreuse.

Les indigènes ont une préférence particulière pour les rives des cours d'eau ; à défaut de barques, ils élèvent sur pilotis, comme nous avons eu déjà l'occasion de le dire, les paillottes qui leur servent d'abri, et peuvent ainsi se livrer à la pêche d'une manière permanente à l'ombre des bambous

(1) V. E. Reclus, *op. cit.*

gigantesques, palmiers, manguiers, etc., qu'on rencontre en abondance aux abords des rivières.

Par suite de la passion qu'inspire aux naturels cambodgiens la proximité des pêcheries, les rivages de la contrée offrent un aspect des plus mouvementés; c'est un va et vient continuel d'hommes, de femmes et d'enfants, dont la pêche est la principale ressource.

L'intérieur des villes sert plutôt de séjour aux Chinois que leur esprit trafiquant y appelle; ils trouvent les centres des localités mieux appropriés aux industries de tailleurs, cordonniers, menuisiers, qu'ils exercent avec succès dans le pays.

XII

L'ENSEIGNEMENT CHEZ LES KHMERS. — LANGUE. — RELIGION. — EXPOSÉ RAPIDE DU BOUDDHISME ANCIEN. SES ANALOGIES AVEC LA RELIGION DU CHRIST. — UTILE COOPÉRATION DES MISSIONNAIRES AUX COLONIES.

L'INSTRUCTION commence à prendre dans le royaume du Cambodge d'heureux développements : un collège français, créé depuis peu à Pnom-Penh, vient d'être inauguré par M. le résident général de France. Cette institution, dont on ne saurait trop louer l'innovation, permettra à un certain nombre de jeunes Khmers de se familiariser avec rapidité à la langue française et aux usages européens. Nous ne désespérons point, du reste, de voir bientôt s'implanter un établissement analogue dans chacune des principales villes cambodgiennes, où l'on trouve dès maintenant des écoles primaires produisant déjà de très bons résultats.

Les bienfaits de l'instruction pourront porter ainsi sur toutes les classes de la nation et fourniront en même temps aux États d'Occident de précieux agents commerciaux et diplomatiques.

Jusqu'à ce jour, l'enseignement n'était réservé qu'aux fils de familles riches, ceux-ci se préparaient à leur situation future par la retraite religieuse ; les talapoins ou prêtres bouddhistes dirigeaient les études qui se limitaient à la « langue des lettrés ».

La langue des lettrés est une sorte de dialecte religieux, pratiqué d'ordinaire dans les cérémonies par les mandarins et les bonzes. Sans contester l'utilité de cette éducation nationale, l'insuffisance en est d'autant mieux démontrée dans le pays même, que plusieurs jeunes Cambodgiens, issus des meilleures familles du royaume, viennent d'arriver à Paris pour y compléter leurs études et s'initier au langage, aux mœurs et aux institutions modernes.

L'idiome cambodgien, considéré au point de vue grammatical, se distingue par la simplicité de ses règles générales : les déclinaisons, le genre et le nombre y sont inconnus, les verbes n'ont pas de conjugaison.

L'écriture phonétique va de gauche à droite ; les manuscrits sont formés de feuilles de palmier, trouées vers le centre et reliées entre deux plaquettes de bois ; on se sert pour écrire de pinceaux ou bien de stylets à lames très minces, que l'on promène sur les feuillets ; lorsque la pointe de la lame a reproduit en creux les caractères désirés, la feuille est recouverte d'encre, puis essuyée et les lettres apparaissent alors, nettement dessinées par l'encre, qui s'est fixée dans les creux préalablement tracés. Inutile d'ajouter que tous les livres, de fabrication cambodgienne, sont manuscrits (1).

Les coutumes religieuses au pays khmer sont observées d'une manière sérieuse et ne se résument point à de simples formalités, ainsi que cela arrive dans la plupart des autres régions indo-chinoises. Le mariage est une loi à laquelle les Cambodgiens se soumettent d'une façon régulière; les bonzes seuls sont voués au célibat; un homme non marié, sans être dans les ordres, devient l'objet d'une certaine déconsidération. Chez les grands seigneurs, la polygamie existe encore, ils ont de plus la faculté de

(1) V. Jacques Waubert, *Atlas colonial.*

prendre pour épouse leurs demi-sœurs (1).

Le bouddhisme est aujourd'hui la religion dominante du Cambodge, les bonzes en sont les ministres, les pagodes constituent les temples.

Le clergé indigène, assez nombreux (le chiffre de ses membres peut être évalué à trois ou quatre mille), compose une classe d'élite très considérée, jouissant d'une influence immense; les prêtres ont le monopole des traditions historiques et religieuses. Les bonzes dirigent des sortes de séminaires, où les enfants qui se destinent à la carrière ecclésiastique sont admis fort jeunes; c'est aussi dans ces institutions que les fils des grands personnages viennent se préparer à leurs hautes destinées. Malgré la dignité de leur situation, les prêtres bouddhistes sont astreints à beaucoup d'humilité;

(1) V. E. Reclus, *op. cit.*

ils ne vivent que des aumônes qu'ils vont recueillir en procession chaque matin. Le clergé a pour chef un vénérable religieux, qu'on appelle familièrement « le pape des bonzes », auquel on témoigne un respect profond; sa personne est entourée d'une nombreusse assistance, empressée à lui rendre les honneurs qui lui sont dus (1).

La doctrine bouddhique (2), l'une des plus importantes d'Asie, compte de nombreux sectateurs dans la Chine, le Japon, la Mongolie et le Thibet. Ainsi qu'on le sait, le bouddhisme date de longs siècles avant l'ère chrétienne; la base principale de son culte repose sur la charité infinie

(1) V. Léon de Tinseau, *Revue politique et littéraire* du 28 juin 1884.

(2) L'exposé du bouddhisme qui va suivre est extrait de l'*Encyclopédie moderne* (publication Firmin-Didot); s'il plaît au lecteur d'avoir de plus amples renseignements, il pourra se reporter au t. V dudit ouvrage.

tendant à faire partager à ses semblables les bonheurs goûtés sous une doctrine salutaire, à permettre l'accès du sacerdoce aux hommes de toute condition et de tout rang, pourvu qu'ils se soient rendus dignes de ce privilège par leurs dispositions constantes au bien, « l'égalité absolue devant l'Être suprême, » tels sont, en un mot, les caractères fondamentaux des dogmes de Bouddha.

Le créateur de la religion bouddhique fut, suivant la version la plus accréditée, un jeune homme de famille royale appelé « Siddhârtha », lequel ayant renoncé au monde et éprouvant à la fois une secrète répulsion pour les jouissances éphémères de la cour, se retira dans la solitude, où il médita longuement. D'une vaste intelligence, l'esprit enclin à l'étude d'améliorations religieuses qu'il supposait nécessaires au bien-être de l'humanité, Siddhârtha resta plongé un certain nombre d'années dans ses travaux philosophiques. Cette retraite volontaire valut au jeune prince le surnom de Çâkyamouni, qui signifiait « le solitaire des Çâkyas » (1). Après de grandes études sur la science à laquelle tendaient tous ses vœux, il se sentit enfin arrivé au degré qu'il ambitionnait et prit alors le titre de « Bouddha », synonyme d'éclairé, de savant; le culte dont il fut le fondateur reçut, par suite, le nom de bouddhisme.

Les manuscrits indiens, sanscrits et pâlis désignent Çâkyamouni comme un réformateur de haut mérite, désireux d'apporter d'utiles amendements aux mœurs religieuses de ses contemporains.

Bien que le brahmanisme, qui régnait sans rival à cette époque dans les Indes,

(1) Çâkyas, nom d'une race de la caste militaire, existant alors dans les Indes.

eût opposé des difficultés sans nombre aux doctrines nouvelles, la sagesse de Bouddha sut triompher de ses contradicteurs.

Afin de déterminer une propagation rapide de ses croyances, Çâkyamouni employa la prédication, moyen inconnu jusqu'alors; les résultats en furent merveilleux. Ce système répondant au caractère populaire de la doctrine elle-même, lui concilia aussitôt de nombreux apôtres.

Les préceptes religieux qu'exposaient les prédicateurs bouddhistes ne ressemblaient en rien à ceux de Brahma, qui étaient le patrimoine exclusif de la classe élevée; la religion de Bouddha, au contraire, sans abolir le régime des castes, devenait le partage de tous ceux qui voulaient l'acquérir. On rapporte à cet effet des paroles dignes d'un disciple du christianisme, attribuées au réformateur indien : « Des sectateurs du brahmanisme ayant un jour raillé Siddhârta parce que des malheureux tombés au dernier degré de l'abaissement et de la misère étaient venus embrasser ses croyances : Ma loi, leur aurait-il répondu, est une loi de grâce pour tous, et une loi de grâce pour tous est une loi sous laquelle d'aussi misérables mendiants se font religieux (1) »

La base première de la foi bouddhique a, il faut le reconnaître, diverses analogies avec la religion chrétienne : comme elle, ses principes sont admirables ; comme elle aussi, elle eut dès son berceau ses persécutions, ses martyrs, ses époques florissantes. Les vrais sectaires sont astreints à la confession pour la remise de leurs fautes, et le but de leur vie doit reposer sur l'imitation de Bouddha, c'est-à-dire aspirer toujours au degré de perfection intellectuelle qui faisait son idéal. C'est enfin par la pratique con-

(1) *Encyclopédie moderne*, t. V, p. 598 (publication Firmin-Didot).

stante des vertus religieuses que les bouddhistes espèrent se rendre dignes du « *Nirvâna* ». D'après beaucoup de croyants, le Nirvâna serait l'absorption de la vie individuelle en Dieu ; suivant d'autres, c'est la mort du corps, et, par suite, la délivrance des douleurs physiques. Ce mot exprime enfin l'idée du repos suprême, du réel bonheur accordé à l'homme de bien (1).

Les dogmes du bouddhisme primitif sont en résumé très moralisateurs : conduire l'homme au bonheur par l'exercice de la vertu, ne sont-ce pas là des préceptes parfaits ?

Les cérémonies religieuses consistent en offrandes de fleurs et de parfums, accompagnées de chants et de prières. L'image de la religion se représente par les reliques de Bouddha (quelques-uns de ses os conser-

(1) V. *Encyclopédie moderne*, t. V (publication Firmin-Didot).

vés dans les temples). Les commandements fondamentaux défendent formellement d'anéantir tout être vivant; en conséquence, nulle trace de sacrifices sanglants ne doit apparaître dans les exercices du véritable culte bouddhique (1).

De même que chez les catholiques, la carrière monacale s'ouvre aux hommes ainsi qu'aux femmes, les deux sexes ont leurs couvents spéciaux, soumis à des règles pieuses et austères. Quant à l'organisation sacerdotale, elle est formée par des prêtres voués au célibat qui constituent un corps permanent, livré aux choses spirituelles.

Ces institutions religieuses, ayant pris naissance dès l'apparition de la doctrine, ne tardèrent point à porter leurs fruits; dans les quatre premiers siècles qui sui-

(1) V. *Encyclopédie moderne*, t. V (publication Firmin-Didot).

virent la mort de Bouddha, trois conciles furent tenus; ces assemblées successives rédigèrent les théories du fondateur sur lesquelles aurait dû s'appuyer toujours la religion par lui créée. Par malheur, le bouddhisme subit à travers les âges de désavantageuses modifications; ses tendances primitives essentiellement morales se perdirent peu à peu, des conceptions mythologiques y furent substituées, des éléments brahmaniques s'y mêlèrent et donnèrent lieu à de regrettables confusions (1).

Le culte professé aujourd'hui dans les pays orientaux n'est qu'une variété du bouddhisme primitif; au Cambodge pourtant, quoique la religion soit greffée aussi sur les rites de Brahma, on y retrouve de grandes similitudes avec les théories anciennes. On peut attribuer ces analogies à

(1) V. *Encyclopédie moderne*, t. V (publication Firmin-Didot).

la fidélité que vouent les Khmers aux croyances de leurs ancêtres.

Les Luc-Sang ou moines bouddhistes ont sur les Cambodgiens une autorité des plus influentes. Observateurs sévères des dogmes du culte, ces religieux inspirent aux indigènes une extrême vénération; leurs enseignements sont écoutés avec docilité et aveuglément suivis; c'est pourquoi le courage et l'infatigable dévouement des missionnaires catholiques n'ont pu obtenir jusqu'ici des résultats considérables dans la contrée cambodgienne, bien que les Khmers les aient toujours accueillis avec déférence et respect. Cependant quelques agglomérations assez importantes de chrétiens commencent à se former dans plusieurs villes du Cambodge, à Banam et à Pnom-Penh notamment, où le nombre des fidèles s'élève à plusieurs milliers.

Les ministres du Christ qui dirigent avec

un zèle admirable les néophytes indigènes, sont de sincères collaborateurs, il ne faut pas l'oublier, de la diplomatie franco-cambodgienne pour arriver à la pacification complète du pays khmer et à sa prospérité.

Les missionnaires européens exercent, en effet, beaucoup d'ascendant sur la colonisation et la production des régions qu'ils explorent, et il serait peu équitable de ne pas rendre justice à leur précieux concours (1).

M. Edmond Cotteau, chargé d'une mission scientifique en Sibérie et au Japon (1881-1882), raconte en ces termes dans son ouvrage intitulé : *un Touriste en extrême Orient,* l'entrevue qu'il eut, lors de son passage à Pnom-Penh, avec le père Silvestre, des Missions étrangères :

« Dans un village habité par des chré-

(1) V. Léon de Tinseau, *op. cit.*

tiens, non loin d'une petite église neuve construite en briques, se trouve l'habitation du père Silvestre, des Missions étrangères. Je frappe à sa porte ; il me reçoit cordialement et s'empresse de me faire voir un grand jardin qu'il soigne avec amour. Il me montre ses arbres fruitiers, ses caféiers, qui réussissent ici fort bien. Jamais il ne consomme d'autre café que celui qu'il récolte lui-même ; il veut absolument m'en faire goûter : la vérité est que je le trouve excellent. Avec vingt-cinq mille francs de capital, me dit-il, on pourrait monter une plantation qui enrichirait vite son propriétaire; mais il ne vient ici, en fait de Français, que des marchands d'absinthe ou de vermouth qui n'ont pas le premier sou et feraient beaucoup mieux de rester chez eux.

« Le père Silvestre est fixé depuis une trentaine d'années à Pnom-Penh et compte bien y finir ses jours, au milieu des chrétiens indigènes dont il n'a qu'à se louer; ceux-ci sont au nombre de deux mille dans la capitale du Cambodge. Après une heure d'intéressantes causeries, je jugeai qu'il était temps de me retirer, car le missionnaire était au nombre des rares élus au banquet de la *Fanfare* (1). »

Cette conversation intime relatée à dessein par un explorateur savant et distingué ne fait que confirmer les assertions précédentes.

(1) La *Fanfare*, aviso alors mouillé dans les eaux du Mékong et qui offrait le soir même un grand dîner à bord en l'honneur du roi Norodom.

XIII

LA CRÉMATION EN ORIENT.

La crémation, qui fait en France depuis plusieurs années l'objet de discussions nombreuses, est une des anciennes coutumes des peuples orientaux.

Selon Pline et divers autres auteurs de l'antiquité, l'usage de brûler les morts se pratiquait jadis chez les Romains et les Grecs.

Dans les Indes, contrées adonnées surtout au culte du feu, la crémation dut d'autant mieux se perpétuer et même donner lieu à des excès de fanatisme tout à fait barbares; à Malabar, ces usages cruels qui poussaient les femmes à se brûler plus ou moins volontairement sur le corps de leurs époux subsistaient encore vers 1666. Les mêmes habitudes existaient sur les côtes du Bengale: lorsqu'un roi de Calcutta mourait, plusieurs centaines de favorites devaient s'immoler sur le bûcher pour honorer la mémoire du prince défunt.

Le Florentin Poggio Bracciolini, dit le Pogge, raconte qu'on voyait au Cambodge des sacrifices plus excessifs encore : des princes et des seigneurs de la cour se brûlaient avec les femmes du roi à la mort du monarque.

Dans l'intérêt de l'humanité, ces étranges coutumes ont fort heureusement disparu depuis des siècles dans les pays d'Asie ayant quelques teintes de civilisation; on se contente aujourd'hui d'y brûler les morts sans, pour ce motif, porter atteinte à l'existence des vivants.

Les États d'Orient qui ont été explorés par le christianisme ont de grandes tendances à abolir la crémation; elle se pratique toujours cependant chez les Khmers, non voués à l'Église du Christ, ainsi que dans beaucoup d'autres régions indiennes, en Tartarie notamment et dans l'empire siamois. D'après les intéressantes descriptions de Mgr Pallegoix, ancien évêque *in partibus* de Mallos, les funérailles des princes du Siam ont lieu avec un cérémonial tout particulier. A la mort du souverain, on assied le cadavre sur un siège à jour au-dessous duquel une sorte de récipient est placé, puis on introduit par la bouche une grande quantité de mercure, à l'effet d'obtenir une rapide momification; ensuite le visage royal est recouvert d'un masque d'or. Pendant que le dessèchement s'opère, les sujets viennent chaque jour processionnellement recueillir les dépurations tombées dans le récipient et vont les jeter dans le fleuve.

Lorsque le corps se trouve desséché, on l'accroupit dans une urne d'or de grande dimension, où il est ainsi conservé l'espace d'une année, durant laquelle on s'occupe des obsèques. Les forêts se voient alors enlever les plus beaux arbres qu'elles peuvent fournir, la population entière se requiert pour ce travail, ainsi que pour la construction d'un catafalque gigantesque élevé sur la place publique la plus vaste; lorsque l'époque fixée pour la cérémonie est arrivée, on promène sur un char doré l'urne qui contient les restes du roi; les fêtes qu'on célèbre à l'occasion des funérailles du prince se prolongent pendant sept jours, et enfin, à la dernière journée des manifestations populaires, on expose le corps momifié de l'ancien monarque sur un bûcher composé de bois odoriférants auxquels le nouveau roi vient lui-même mettre le feu. Les cendres sont recueillies, et, détail assez singulier, sont employées, après avoir été mélangées avec une matière argileuse, à la fabrication de petites statuettes (1).

Le cérémonial de la crémation, au Cambodge, se pratique avec moins d'apparat, mais il revêt en général un caractère plus grave.

L'incinération des défunts se fait au milieu d'un champ entouré de mâts auxquels de longues lianes sont suspendues formant un entourage aérien; après avoir mis le feu au bûcher, l'ordonnateur de la cérémonie saisit un vase de terre, puis le lance dans l'espace; en retombant sur le

(1) V. Larousse, *Grand Dictionnaire universel du XIXe siècle.*

sol, la poterie se brise en éclats et symbolise ainsi, suivant les rites khmers, l'inutilité complète de l'homme après sa mort (1).

Les riches Cambodgiens ont la faculté de garder plusieurs mois leurs morts dans leurs demeures avant de les brûler; parfois aussi l'inhumation n'est que provisoire. Au bout d'un certain temps, on exhume les corps pour en réduire les ossements par le feu (2). Les cendres se recueillent dans des urnes cinéraires.

Les délais de conservation des défunts dans les habitations sont subordonnés à la fortune des familles, la classe pauvre brûlant ses cadavres aussitôt après le décès.

Bien que la crémation soit très répandue en Indo-Chine, cet usage n'est pas généralisé d'une manière absolue; on rencontre

(1) V. Lt Delaporte, *op. cit.*
(2) V. E. Reclus, *op. cit.*

çà et là quelques cimetières, principalement au Laos ; les cadavres y sont suspendus sur des poteaux peu élevés ou placés sur le sol même, recouverts alors d'une légère couche de terre; les corps sont préservés de l'atteinte des fauves par de fortes clôtures de palis ou d'arbustes. Enfin, dans d'autres contrées d'Orient, on inhume les morts ornés de leurs plus riches parures (1).

(1) V. Lt Delaporte, *op. cit.*

XIV

ORGANISATION ADMINISTRATIVE DU CAMBODGE SELON LES CLAUSES DU TRAITÉ DE 1884 (1).

L'ORGANISATION administrative actuelle du royaume khmer divise le pays en huit grandes provinces formées par arrondissements; ces provinces sont celles de : Pnom-Penh, Kampot, Pursat, Kompong-Chnang, Kratié, Kompong-Thom, Banam et Kompong-Tiam.

A la tête de chacune d'elles se trouve un

(1) Les données qui font l'objet des deux chapitres XIV et XV sont puisées en majeure partie dans les *Notices coloniales*.

fonctionnaire cambodgien ayant comme coopérateur administratif un résident français.

Les chefs de province centralisent sous leur autorité directe les travaux d'autres fonctionnaires indigènes placés sous leurs ordres et veillent à l'exécution des règlements législatifs.

Chaque chef-lieu de province est le siège d'un tribunal appelé à statuer sur toutes les affaires civiles, criminelles ou correctionnelles, quelle qu'en soit l'importance; la juridiction se compose d'un juge, de son suppléant et d'un huissier.

Les arrondissements sont régis par des magistrats cambodgiens relevant des chefs de provinces et qui sont établis aux chefs-lieux d'arrondissement où réside également un juge de paix indigène chargé de régler les procès de peu d'importance.

PROVINCE DE PNOM-PENH.

La province de Pnom-Penh, subdivisée en cinq arrondissements, a pour capitale Pnom-Penh, qui est à la fois celle du royaume. Cette ville, résidence du roi Norodom et du représentant français, se trouve placée dans une admirable situation. Pour ainsi dire construite au point de jonction des quatre bras que forme en cet endroit le Grand-Fleuve, Pnom-Penh constitue un centre commercial de premier ordre susceptible de devenir l'un des ports importants de la vallée du Laos, de la Birmanie et du royaume de Siam.

La plupart des maisons, de construction récente, ont un aspect d'harmonie qui flatte l'œil et lui donne ainsi certains rapports avec les cités européennes. Redevenue capitale des États khmers en 1866, elle a pris depuis lors une extension considérable.

Pnom-Penh est traversée dans toute sa longueur par une grande voie sinueuse, jadis composée de cases primitives que remplacent aujourd'hui de coquettes constructions briquetées dues à la munificence du roi actuel.

Les autres parties de la ville offrent, à la vérité, moins d'attraits ; les habitations, élevées sur des pieux au-dessus du sol, sont construites en bois ou en bambou, mais leurs rues n'en sont pas moins fréquentées par le commerce ; le quartier chinois se signale surtout par son animation et l'élégance de ses boutiques ; le trafic s'y exerce d'ailleurs d'une façon très sérieuse.

Parmi les principaux monuments de la capitale, il faut citer tout d'abord le palais du roi, vaste assemblage de constructions variées, séparées par des cours, bosquets et parterres; cette résidence, qui couvre une grande étendue de terrain, présente dans son ensemble un caractère assez imposant.

A quelques centaines de mètres du palais s'élève l'habitation du chef des bonzes; plusieurs pagodes au style original, appelant l'attention par leur ancienneté, existent en divers endroits de la ville et sont, assure-t-on, fort intéressantes à visiter. Notons enfin, vers le nord, près d'une haute pyramide, les bâtiments d'une simplicité élégante occupés par le protectorat dans lesquels sont installés le palais de justice, les casernes, le télégraphe, etc.

De ce côté, le Mékong suit son cours, bordé de magnifiques jardins plantés d'arbres rares et émaillé de fleurs aux parfums pénétrants.

Le commerce de la capitale a une réelle

importance; c'est là que tous les produits de la contrée affluent, c'est là qu'arrivent tous les objets d'importation, tels que le fer, le drap, les outils, etc. Un service de bateaux à vapeur des messageries fluviales, relie d'un côté Pnom-Penh avec Saïgon par Banam, Chaudoc, Long-Xuyen, Sadec, Vinh-long et Mytho; d'un autre côté, les mêmes messageries font communiquer la capitale avec Battambang par Compong-Suong, Compong-Chnang et Angkor-Wat. Ces services fonctionnent d'une manière régulière deux fois par semaine; ils arrivent à Pnom-Penh le jeudi et le dimanche matin.

La province de Pnom-Penh est la plus petite et en même temps la plus riche et la plus peuplée des États cambodgiens. Sa population s'évalue à 340,000 habitants. Son sol fournit le riz en abondance, l'indigo, le tabac, etc., l'industrie consistant spécialement en briqueteries et en importantes fabriques d'étoffes.

Les cinq subdivisions que forme la province de Pnom-Penh sont les arrondissements de : *Pnom-Penh*, *Lovea-Em*, *Kien-Soai*, *Bati*, *Kathom*, lesquels comprennent quatre cent soixante-trois villages.

PROVINCE DE KAMPOT.

La seconde province des États khmers est celle de Kampot, seule province maritime du royaume ; elle a pour capitale Kampot, petite ville construite sur la rivière du même nom, à trois milles de la mer.

Il existe à l'embouchure du port de Kampot une barre de deux mètres s'élevant très rapidement et qui en interdit l'accès aux navires de fort tonnage. Kampot était autrefois le foyer d'un grand commerce d'importation et d'exportation, les produits du Laos, du Siam et de la Chine y arrivaient de tous côtés ; mais actuellement le trafic se faisant par Saïgon et Cholon, l'importance commerciale se limite à l'exportation des poivres (1), il s'y tient toujours néanmoins un marché très fréquenté affermé par des Chinois. La population de ce chef-lieu est d'environ trois mille habitants; il possède une maison d'école et un bureau télégraphique, qui le relie à Pnom-Penh.

La province de Kampot, peuplée de cent cinquante-cinq mille âmes réparties dans cent cinquante-sept villages, forme les quatre arrondissements suivants: *Kampot*, *Kompong-Som*, *Trang*, *Kong-Pisey*.

Cette province fournit le poivre en abondance, ainsi que les bois de valeur, c'est une des parties très boisées du pays khmer,

(1) V. Jacques Waubert, *Atlas colonial.*

on y recueille aussi la résine, l'huile de bois, etc. ; les indigènes s'y livrent à la fabrication des torches ; on découvre enfin des salines aux alentours de Péam et depuis plusieurs années une chaufournerie française a été installée au village de Pnom-Ceulang.

PROVINCE DE PURSAT.

La province de Pursat, composée des trois arrondissements de *Pursat, Thépong, Krang*, est une région montagneuse et très pittoresque, divisée en cent six villages peu peuplés ; elle a pour chef-lieu la ville de Pursat, appelée anciennement Pourthiésat. Au moment de la splendeur du Cambodge, elle devint capitale des États khmers. Cette ville, vaste agglomération de cases et de paillotes construites sur pilotis, n'offre aujourd'hui rien de bien remarquable, un bureau télégraphique la met en communication avec la capitale du royaume.

De fréquentes inondations se manifestent dans la province de Pursat ; sa richesse consiste en cardamome, gomme-gutte et rizières. Quelques carrières de marbre s'y rencontrent aussi. Le chiffre approximatif de ses habitants se monte à vingt mille.

XV

ORGANISATION ADMINISTRATIVE DU CAMBODGE SELON LES CLAUSES DU TRAITÉ DE 1884.

(*Suite.*)

PROVINCE DE KOMPONG-CHNANG.

La province de Kompong-Chnang, renommée pour ses fabriques de poteries qui approvisionnent tout le pays cambodgien, a pour capitale la ville du même nom.

Kompong-Chnang, bâtie sur l'eau, représente une sorte d'île flottante; sa situation particulière peut piquer la curiosité des voyageurs ; en effet, la position de l'étrange cité est subordonnée aux caprices des eaux selon que celles-ci augmentent ou diminuent; tantôt elle se rapproche de la terre ferme, tantôt elle s'en éloigne. Kompong-Chnang forme un vaste entrepôt favorisant dans de grandes proportions les opérations commerciales entre le royaume de Siam, le Cambodge et la Cochinchine.

La province de Kompong-Chnang compte cinq arrondissements qui sont : *Roléa-Pier*, *Lovek*, *Samrong-Tong*, *Pin-héalu*, *Krang-Sambré*.

La population de cette province, de même que celles des trois suivantes, ne nous étant connue que d'une façon extrêmement approximative, nous nous abstiendrons de donner des chiffres insuffisamment déterminés.

Nous devons signaler dans la province de Kompong-Chnang la célèbre cité d'Oudong, située dans l'arrondissement de Samrong-Tong; Oudong, l'ancienne résidence royale des princes khmers; Oudong, la superbe, la ville sacrée. Elle constitue maintenant le séjour de S. M. la reine-mère, femme douée d'une rare distinction et d'un esprit supérieur.

Construite au centre d'une plaine immense, l'ex-capitale cambodgienne est entourée d'élégantes collines boisées, surmontées de splendides pagodes. Oudong se relie à Compong-Chnang par une vaste chaussée; les maisons sont bâties en bambou pour la plupart; un grand nombre de bonzeries et de temples apparaissent sur divers points.

A une courte distance de la ville existe une grotte sacrée, creusée dans le flanc de la montagne de Pnom-Préa; ce curieux souterrain peut contenir, dit-on, près de douze cents personnes.

PROVINCE DE KRATIÉ.

La province de Kratié, peu peuplée, mais fort étendue, forme deux arrondissements : *Kratié*, et *Sambor*.

Son territoire, couvert de forêts, a pour capitale Kratié ; cette ville, assise sur le haut fleuve, se trouve dans une position exceptionnelle pour devenir avant longtemps le siège du commerce du Mékong supérieur.

Ainsi qu'on s'en rend compte par la carte, le second arrondissement de la province de Kratié, qui a pour chef-lieu Sambor, dont il porte le nom, est situé à l'extrémité nord du pays et limitrophe des terres du Laos ; les Cambodgiens, redoutant le meurtre et le pillage auxquels ces régions sont souvent exposées, les ont presque complètement désertées.

C'est aux environs de Sambor que Silvotha, frère du roi Norodom, avait établi son quartier général en 1885. Ce prince rebelle, traînant à sa suite des bandes de pirates, osa attaquer les tirailleurs annamites que la France avait cru devoir établir près de la frontière, dans le but de sauvegarder les États cambodgiens; l'entreprise du déloyal prétendant n'ayant pas obtenu le succès qu'il en attendait, ses partisans se répandirent vers les bords des rapides, y semant la terreur et la dévastation. Depuis lors, un poste français a été établi à Sambor afin de protéger les habitants.

PROVINCE DE KOMPONG-THOM.

La province de Kompong-Thom se divise en quatre arrondissements, dont la nomenclature suit : *Kompong-Thom, Kompong-Long, Chi-Kreng, Barai*, subdivisions qui comprennent environ cent soixante dix-huit communes ou villages.

Les forêts, nombreuses dans la province, sont riches en cocotiers, orangers, palmiers, rotins, etc. ; des mines de fer facilement exploitables existent dans les premier et quatrième arrondissements ; plusieurs parties de la région sont encore peu connues et presque désertes.

Kompong-Thom, capitale de la province, est une ville d'importance très secondaire, dotée toutefois d'un service télégraphique.

PROVINCE DE BANAM.

D'une grande richesse et d'une rare fertilité, l'exploitation de tous les produits du Cambodge se pratique avec succès dans la province de Banam ; son sol paraît être particulièrement favorable à la culture des haricots, qu'on y a introduite depuis quelques années, culture qui donne un rendement très avantageux.

La capitale est Banam, sur le fleuve, antérieur à une vingtaine de lieues de Pnom-Penh, à laquelle elle se relie par le télégraphe ; les bateaux des messageries fluviales font escale dans cette ville.

Quatre arrondissements composent la province : *Banam, Svai-Romiet, Prey-Veng, Rom-Duol.*

On compte cent cinquante-huit villages.

PROVINCE DE KOMPONG-TIAM.

La huitième et dernière province du Cambodge est celle de Kompong-Tiam.

Ses subdivisions, au nombre de cinq, sont les arrondissements de : *Krauchmar, To-tung-Thugay, Kompong-Tiam, Kang-Méas, Kasutin.*

La contrée, l'une des sources de richesse du pays khmer, fournit en quantité prodigieuse : indigo, tabac, coton, canne à sucre, mûrier, etc., sans parler de ses forêts magnifiques, dans lesquelles on trouve beaucoup de bois de valeur.

La province de Kompong-Tiam, fort peuplée, donne asile à un grand nombre de Chams, race indo-chinoise que l'on dit être très laborieuse. Les Chams tirent un excellent parti de la fécondité du sol.

La province a pour chef-lieu Kompong-Tiam, ville bien située sur la rive droite du Grand-Fleuve.

Deux cent trente communes se partagent la population.

Telle est la division nouvelle du royaume du Cambodge après le traité de 1884 passé entre le souverain khmer et la France, par l'entremise de M. Thomson, l'éminent gouverneur de la Cochinchine française.

XVI

ORGANISATION ADMINISTRATIVE DU CAMBODGE SELON LES CLAUSES DU TRAITÉ DE 1884.

(*Suite.*)

Afin de permettre au lecteur d'interpréter d'une façon exacte la situation actuelle du Cambodge et les obligations réciproques que se doivent les deux pays intéressés, nous croyons nécessaire de consacrer le présent chapitre à la reproduction textuelle des dernières conventions sur lesquelles reposent les droits protecteurs que S. M. Norodom Ier a bien voulu concéder à la France.

Voici les termes de ce traité (1) :

Entre Sa Majesté Norodom Ier, roi du Cambodge, d'une part ;

Et M. Charles Thomson, gouverneur de la Cochinchine, agissant au nom du gouvernement de la République française, en vertu des pleins pouvoirs qui lui ont été conférés, d'autre part ;

Il a été convenu ce qui suit :

Art. 1er. — S. M. le roi du Cambodge accepte toutes les réformes administratives, judiciaires, financières et commerciales auxquelles le gouvernement de la République française jugera à l'avenir utile de procéder pour faciliter l'accomplissement de son protectorat.

Art. 2. — S. M. le roi du Cambodge continuera, comme par le passé, à gouverner ses États et à diriger leur administration, sauf les restrictions qui résultent de la présente convention.

Art. 3. — Les fonctionnaires cambodgiens continueront, sous le contrôle des autorités françaises, à administrer les provinces, sauf en ce qui concerne l'établissement et la perception des impôts, les douanes, les contributions indirectes, les travaux publics et, en général, les services qui exigent une

(1) Extrait du *Journal officiel* du 16 janvier 1886.

direction unique ou l'emploi d'ingénieurs ou d'agents européens.

Art. 4. — Des résidents ou des résidents adjoints, nommés par le gouvernement français et préposés au maintien de l'ordre public et au contrôle des autorités locales, seront placés dans les chefs-lieux de provinces et dans tous les points où leur présence sera jugée nécessaire.

Ils seront, sous les ordres du résident, chargés, aux termes de l'article 2 du traité du 11 août 1863, d'assurer, sous la haute autorité du gouverneur de la Cochinchine, l'exercice régulier du protectorat, et qui prendra le titre de résident général.

Art. 5. — Le résident général aura droit d'audience privée et personnelle auprès de S. M. le roi du Cambodge.

Art. 6. — Les dépenses d'administration du royaume et celles du protectorat seront à la charge du Cambodge.

Art. 7. — Un arrangement spécial interviendra, après l'établissement définitif du budget du royaume, pour fixer la liste civile du roi et les dotations des princes de la famille royale.

La liste civile du roi est provisoirement fixée à trois cent mille piastres; la dotation des princes est provisoirement fixée à vingt-cinq mille piastres, dont la répartition sera arrêtée suivant accord entre

S. M. le roi du Cambodge et le gouverneur de la Cochinchine.

S. M. le roi du Cambodge s'interdit de contracter aucun emprunt sans l'autorisation du gouvernement de la République.

Art. 8. — L'esclavage est aboli sur tout le territoire du Cambodge.

Art. 9. — Le sol du royaume, jusqu'à ce jour propriété exclusive de la couronne, cessera d'être inaliénable. Il sera procédé, par les autorités françaises et cambodgiennes, à la constitution de la propriété au Cambodge.

Les chrétientés et les pagodes conserveront, en toute propriété, les terrains qu'elles occupent actuellement.

Art. 10. — La ville de Pnom-Penh sera administrée par une commission municipale composée du résident générale ou de son délégué, président; six fonctionnaires ou négociants français nommés par le gouverneur de la Cochinchine, de trois Cambodgiens, un Annamite, deux Chinois, un Indien et un Malais, nommé par S. M. le roi du Cambodge sur une liste présentée par le gouverneur de la Cochinchine.

Art. 11. — La présente convention, dont en cas de contestations et conformément aux usages diplomatiques le texte français seul fera foi, confirme et complète le traité du 11 août 1863, les ordonnances royales et les conventions passées entre les deux gouvernements en ce qu'ils n'ont pas de contraire aux dispositions qui précèdent.

Elle sera soumise à la ratification du gouvernement de la République française, et l'instrument de ladite ratification sera remis à S. M. le roi du Cambodge dans un délai aussi bref que possible.

En foi de quoi, S. M. le roi du Cambodge et le gouverneur de la Cochinchine ont signé le présent acte et y ont apposé leurs sceaux.

Fait à Pnom-Penh, le 17 juin 1884.

CHARLES THOMSON. NORODOM.

XVII

INDUSTRIE (1).

Les moyens de communication du pays cambodgien avec l'extérieur sont encore insuffisants, en raison des ressources multiples de la contrée. Le Grand-Fleuve, qui constitue l'artère principale, bien que doté maintenant d'un service de bateaux régulièrement organisé, n'est pas partout et de tout temps utilisable. A l'époque de

(1) C'est également des *Notices coloniales* que nous tenons presque toutes nos informations ayant trait à l'industrie du Cambodge.

la saison sèche, par exemple, la navigation du Mékong se voit interrompue dans beaucoup d'endroits et les rapides de Sambor et de Samboc ne permettent pas l'accès du fleuve au delà de ces deux villes.

Quant à l'idée déjà émise de créer des canaux, elle serait peu praticable pour ne pas dire impossible à mettre à exécution. Tout en reconnaissant les avantages immenses qui pourraient résulter de semblables travaux, lorsqu'on étudie quelque peu la nature de ces régions, on se trouve vite en présence de réelles difficultés, dues surtout à l'instabilité des eaux, dont le niveau disparaît, pour ainsi dire, durant la sécheresse et donne lieu alternativement à des inondations considérables lors de la saison pluvieuse.

Pour le moment, les voies terrestres constituées d'une manière suffisante devraient être les moyens de communication les moins onéreux et les plus en rapport avec les dispositions générales du pays. Tout porte à croire d'ailleurs qu'à une époque rapprochée, les chemins de fer sillonneront les États khmers et y apporteront les inappréciables bienfaits de leur installation. L'espoir que nous exprimons ainsi repose sur la construction prochaine de voies ferrées au Tonkin; le projet, à l'étude à l'heure où nous écrivons, ne saurait tarder à se réaliser.

Ne serait-ce pas là une excellente occasion pour les ingénieurs français de se rendre au Cambodge et d'y commencer différents tracés tendant à l'établissement de quelques lignes de première urgence; ces ouvrages recevraient sans nul doute la complète approbation du roi Norodom, et la France tirerait des travaux dont elle aurait pris l'initiative des bénéfices manifestes pour ses colonies d'extrême Orient.

L'industrie cambodgienne, assez variée d'ores et déjà, possède les qualités nécessaires pour acquérir une grande extension; sa branche principale est la pêche, à laquelle le pays se prête merveilleusement.

Au mois de novembre, les pêcheurs affluent de toutes parts, et c'est par milliers que se chiffre le nombre d'individus qui se livrent chaque année à ce travail. Emmenant avec eux leurs femmes et leurs enfants, les pêcheurs ont le soin d'apporter des paillotes pour s'abriter; ils installent ainsi des villages provisoires sur tout le littoral, après s'être approvisionnés des denrées et ustensiles indispensables.

Aussitôt que le poisson est pris, on lui coupe la tête, ensuite on l'ouvre dans sa longueur et lorsqu'il a été vidé, lavé, saupoudré de sel, les pêcheurs l'exposent au soleil afin de le faire sécher pour être livré au commerce.

Différentes espèces fournissent l'huile, qu'on extrait d'une manière très simple : les indigènes se bornent pour cette opération à faire bouillir le poisson dans des sortes de marmites et à en recueillir le liquide qui surnage ; ils versent ensuite ce liquide dans des vases où ils le laissent déposer.

Le trafic du poisson atteint tous les ans une valeur de plus de cinq millions de francs. Les produits de la pêche s'exportent par Kampot, Saïgon, à destination de Singapour, Hong-Kong et des ports annamites (1).

On fabrique au Cambodge l'alcool de riz en assez grande quantité, moins importante toutefois que dans la Cochinchine, où la consommation en est beaucoup plus considérable. La fabrication de l'alcool de riz

(1) V. Jacques Waubert, *Atlas colonial.*

fait le monopole des Chinois, qui obtiennent ce droit du fermier général moyennant rétribution.

Il faut également citer parmi les industries alimentaires de la contrée l'exploitation sucrière, laquelle, n'étant pas encore très développée, mériterait d'être encouragée, car on arrive avec la canne à sucre cambodgienne à des résultats supérieurs à ceux que donnent la canne cochinchinoise.

Le sucre qu'emploient les indigènes pour leur usage personnel provient du palmier-sucre, arbre commun dans le pays.

Les vers à soie s'élèvent avec un certain succès. Le tissage incombe aux Cambodgiennes, qui déploient beaucoup d'habileté dans ce travail, qu'elles doivent toutes savoir exécuter. Les étoffes de soie fabriquées au Cambodge sont fort belles et surtout estimées en raison de leur solidité.

On remarque entre Pnom-Penh et Kompong-Luong d'importantes briqueteries établies sur les bords du bras du lac; les briqueteries deviennent indispensables à la construction par suite de l'insuffisance des moyens de communication, qui rendent le transport des pierres très difficile, les carrières de granit n'existant que dans les montagnes généralement assez éloignées des lieux où l'on veut construire. En conséquence, on se voit contraint de recourir à la terre cuite lorsqu'on veut édifier des habitations en maçonnerie dans certaines parties de la contrée.

D'autres produits céramiques sont fabriqués à l'entrée des lacs, vers Kompong-Chnang; ici l'industrie s'applique surtout aux ustensiles de ménage, tels que fourneaux, marmites, vases divers; ces objets sont fabriqués à la main d'une manière toute primitive. Après les avoir fait sécher au soleil, on les expose sur un lit de fagots auquel on met le feu; lorsque le bois est consumé, on recouvre le tout d'une couche de paille dont la cendre suffit pour conserver la chaleur et empêcher la poterie de se refroidir trop vite.

En apportant quelques améliorations à ces procédés, on obtiendrait rapidement des faïences inférieures peut-être comme beauté à celles de la Chine, mais tout au moins aussi utilisables, l'esprit industrieux des Cambodgiens étant certes aussi fécond que celui des naturels du Céleste-Empire.

Il existe dans les montagnes de Kompong-Trai plusieurs fonderies de fer, dues à l'initiative des Conis, tribu ingénieuse peuplant la région; ces usines, quoique installées d'une façon imparfaite, fournissent malgré cela nombre d'objets, entre autres des outils relativement bien trempés.

L'indigo, abondant sur les rives du Mékong, est apprêté par les indigènes pour leur usage personnel. Cette plante tinctoriale livrée au commerce se prépare aux environs de Pnom-Penh par un planteur français ; nous aurons du reste à revenir sur son industrie.

Quant aux forêts immenses du Cambodge, qui constituent l'une des inépuisables richesses du royaume, elles seraient susceptibles d'atteindre un rendement autrement considérable que celui qu'elles produisent aujourd'hui.

L'installation de scieries mécaniques, en effet, garantiraient à coup sûr de merveilleux résultats aux centres de ces opulentes futaies. Certaines parties boisées, et le plus grand nombre, sont sillonnées de cours d'eau de nature à assurer l'excellente réussite des établissements que nous signalons ; de semblables essais ayant été entrepris il y a quatre ou cinq ans aux alentours de la capitale, dans des conditions défectueuses, il s'ensuivit un insuccès, et sans chercher davantage à obvier à ce premier échec, l'idée fut abandonnée.

De trop grands intérêts se rattachent à la question pour qu'elle ne soit pas reprise en temps utile, car les principes économiques qu'elle renferme ne sauraient échapper aux administrations compétentes, et lorsque les lieux d'installation auront été choisis, après études sérieuses, on reconnaîtra vite les avantages multiples que peut offrir dans les forêts somptueuses de la patrie des Khmers l'innovation des procédés modernes.

Au nombre des fabrications nationales du pays, il y a lieu de citer celles des nattes et matelas dits cambodgiens. Les nattes, tressées avec beaucoup de goût, sont munies de belles couvertures piquées faites avec le coton de la contrée; on confectionne également, grâce à ce précieux produit, de confortables matelas, d'une épaisseur de dix centimètres et dont les qualités sont appréciées dans tout l'extrême Orient.

Gardons-nous d'oublier la spécialité des éventails en plumes que monopolisent certains industriels des bords des lacs.

Le système de cette fabrication est des plus simples : les plumes sont d'abord exposées à la vapeur afin d'en rendre facile la préparation; puis, après les avoir taillées régulièrement, une nervure de bambou est passée à l'extrémité des plumes, qu'elle relie entre elles, et le bambou flexible, replié en demi-cercle, donne à l'éventail la forme qui lui appartient. La poignée se fait au moyen de petites tiges, réunies par une ligature de fil.

Nous ne saurions omettre de signaler aussi les ouvrages d'orfèvrerie du Cambodge joignant à leur variété, la ciselure et le bon goût

La bijouterie cambodgienne fournit des

bracelets, des anneaux de jambe, des bagues, colliers, etc., d'une réelle valeur. Les bijoux, soit d'or, d'argent, de jais ou d'ivoire, offrent tous un caractère d'originalité orientale d'un cachet particulier; l'or surtout flatte l'œil par la nuance vermillonnée de sa teinte, couleur actuellement à la mode dans l'orfèvrerie européenne.

Les grands seigneurs se servent de tabatières d'argent ciselé et les mandarins emploient des boîtes d'or pour contenir leur bétel, tous objets de fabrication nationale.

L'ensemble des produits industriels que nous retraçons ici à grands traits démontre une fois encore les aptitudes des indigènes qui ajoutent à leur stature imposante et à leur force musculaire l'habileté, l'adresse et en même temps l'honnêteté, qualités réunies affirmant leur prééminence sur les Siamois, Chinois et Annamites au double point de vue physique et intellectuel.

Il faut dire, à la vérité, que bon nombre d'ouvriers d'Annam et de Chine prennent part à l'industrie cambodgienne, et même y rendent des services qu'il est juste de reconnaître; mais en général les artisans étrangers sont moins consciencieux que les ouvriers du pays. On ne saurait, en conséquence, qu'encourager les Khmers à cultiver leurs supériorités natives, qui devront les rendre, dans l'avenir, les seuls et légitimes facteurs du développement général de leur patrie.

XVIII

AGRICULTURE. — RICHESSES FORESTIÈRES.

De nombreux aperçus des ressources que peut présenter le territoire du Cambodge sous le rapport agricole ayant déjà été données dans le cours de cet ouvrage, nous croyons utile d'y ajouter divers détails supplémentaires émanant toujours des *Notices coloniales,* relatifs à la disposition des différents terrains.

On doit diviser le sol en trois catégories :

1° Les parties en relief, comprenant dans

une même zone, les montagnes, collines et plateaux presque complètement boisés, dont il a déjà été parlé, et sur lesquelles, il serait superflu de s'appesantir davantage.

2° Les friches ou parties déprimées qui constituent l'intérieur du pays. Ces vastes régions, susceptibles de cultures florissantes, abandonnées, faute de bras nécessaires et de chemins, auraient, d'après d'anciennes relations, été exploitées autrefois avec fruit; leur rendement, d'une importance analogue à celle des rives du Mékong, rapportait à l'État de beaux revenus. Il y a donc là encore des ressources en perspective pouvant donner lieu à des profits rémunérateurs.

3° Enfin la troisième catégorie du sol (terrains formés d'alluvions enrichis chaque année de nouveaux dépôts organiques), la plus riche, la mieux cultivée, la plus prospère, comprend les rives du Grand-Fleuve, où les quatre cinquièmes des habitants se trouvent agglomérés.

La couche végétale qui recouvre ces bords présente une prodigieuse épaisseur; elle atteint jusqu'à trente mètres sur beaucoup de points; son action fertilisante est sans rivale.

En résumé, le Cambodge, soumis à un mode d'agriculture sérieux, pour lequel on ne négligerait ni les amendements nécessaires aux plantations nationales ni les travaux indispensables, pourrait fournir, outre ses produits naturels, des blés, seigles, orges, etc., céréales appelées à rendre de signalés services.

La culture de l'avoine, à laquelle il serait possible de se livrer aussi, dans certaines parties de la contrée, permettrait à la race chevaline (dont l'élevage s'est borné jusqu'à ce jour à la multiplicité des petites espèces du pays) d'acquérir un développement supérieur par le croisement des races cambodgiennes avec les chevaux d'Australie et d'Algérie; on renouvellerait ainsi, mais cette fois avec un succès assuré, les mêmes expériences de croisement tentées vainement il y a quelques années, faute d'un régime hygiénique. En effet, les chevaux arabes et australiens exportés en Indo-Chine dans le but de régénérer son espèce chevaline, trop petite pour être utilisée dans l'armée, s'y sont vite anémiés; le paddy ou riz non décortiqué qu'on leur donnait à manger fut la principale cause de leur dépérissement, car il est reconnu que le paddy, nourriture essentiellement échauffante, devient très préjudiciable à la santé du cheval fortuitement soumis à ce régime astringent (1).

(1) Assertions produites par M. le vicomte de Chabannes dans une conférence faite en décembre 1885 à la Société géographique et commerciale de Paris. (*Gazette géographique* du 27 janvier 1886.)

Moins humide et plus élevé que la Cochinchine, le Cambodge serait, certes, en divers endroits, très propice à la culture des céréales et autres productions agricoles. Les efforts des colons français devront donc se porter avec ardeur sur l'exploitation de cette terre, si généreuse et si fertile. Ils devront s'appliquer à inculquer aux naturels, remplis d'ailleurs d'excellentes dispositions, les procédés agricoles d'Occident, et ils arriveront ainsi à des résultats surpassant à coup sûr toutes les espérances qu'ils ont pu nourrir jusqu'ici.

A part le rix, qui forme au Cambodge la base de l'alimentation publique, l'organisation du sol géologiquement complétée fournit à l'heure présente des produits aussi variés qu'aucune des plus riches régions intertropicales, et, avec quelques capitaux, de l'intelligence et surtout de la volonté, que n'obtiendrait-on pas de ces terrains féconds? Afin de nous mieux convaincre, du reste, de prévisions qu'on pourrait accuser d'être exagérées, explorons au hasard l'une des parties centrales du royaume, à partir de Pnom-Penh ; remontons vers le nord en suivant un parcours de plusieurs centaines de kilomètres jusqu'à Sambor, nous abstenant de parler des rives du Mékong, dont la richesse nous est connue, et, nous servant des données que nous avons entre les mains (1), jetons un coup d'œil rapide sur l'île Ca-Sutin; nous y découvrons des plantations considérables de coton dans un état de prospérité prodigieuse. Le cotonnier, qui rend tant de services à l'industrie des tissûs, peut être exploité à Ca-Sutin sur une vaste échelle et donner lieu à des bénéfices énormes pour le pays.

(1) *Le Cambodge*, par Léon de Tinseau. (*Revue politique et littéraire* du 8 novembre 1884.)

On aperçoit plus haut, les forêts de Cratieh ; là, le site est complètement boisé. Les essences s'y trouvant réunies dans des proportions innombrables, livrées au commerce, prendraient aussitôt une valeur extrême ; procédons ici par espèces, dont les variétés semblent y avoir été rassemblées pour venir en aide à tous les besoins industriels : dans les espèces ligneuses, les futaies atteignent de hautes dimensions ; la construction nautique pourrait y trouver avec facilité des mâts de soixante-dix, soixante-quinze, quatre-vingts pieds de longueur sans aucun nœud. Les bois de teinture enrichiraient des milliers de commerçants qui n'auraient qu'à se servir des procédés indo-chinois pour obtenir des matières tinctoriales aussi belles que diverses et réaliser des profits incalculables. Certains arbres, d'une excessive dureté, lourds comme le fer, sont d'une nature presque inaltérable ; d'autres, au contraire, souples, flexibles, ont la légèreté du liège. C'est enfin des forêts de Cratieh qu'on a tiré les traverses nécessaires à l'établissement du chemin de fer de Mitho, traverses qui ont, dit-on, un tel grain et une telle densité, que le sol sur lequel elles reposent, submergé durant plusieurs mois, aura peu d'action corruptible sur leur conservation (1).

Pour terminer cet exposé, signalons les entreprises agricoles de M. Frédéric-Thomas Caraman, planteur français installé au pays cambodgien depuis une vingtaine d'années, qui exploite avec beaucoup de succès l'indigo et le coton dans l'île d'O-knha-tey, près Pnom-Penh (2). M. Caraman

(1) V. Léon de Tinseau, *op. cit.*

(2) Les indigots cambodgiens livrés au commerce ont été préparés jusqu'ici par la maison Caraman.

dispose de terrains très favorables aux plantations qu'il cultive et où l'indigo surtout, d'une venue magnifique, procure à son planteur jusqu'à six coupes par an (1).

(1) V. *Notices coloniales.*

XIX

COMMERCE.

Lorsque les États khmers se verront pourvus de moyens de communication mieux établis, de routes nécessaires qui leur font défaut à l'heure présente, d'usines mettant en valeur leurs merveilleux produits, d'installations mécaniques appelées à suppléer à la main-d'œuvre insuffisante, leur commerce acquerra aussitôt un colossal développement; privé aujourd'hui des éléments indispensables à un florissant trafic, il fonctionne cependant et atteint même un chiffre d'affaires d'une relative importance.

Que sera-ce quand, sous une impulsion nouvelle, les productions sans nombre que le Cambodge est susceptible de fournir pourront s'écouler par cent débouchés dans les contrées occidentales; quand, fermement soutenu dans ses droits, ses opérations, ses projets, l'antique empire des Khmers pourra, sans entraves, faire fructifier les mille ressources qu'il renferme ?

Actuellement on évalue à une douzaine de millions les résultats approximatifs se balançant des exportations et importations dont les quantités se répartiraient de la manière suivante :

Exportation (1).

	Kilogrammes.
Poisson séché et salé	10,000,000
Coton égrené.	3,800,000
Haricots.	350,000

(1) V. L. de Tinseau, *op. cit.*

	Kilogrammes.
Cardamome	180,000
Sucre de palmier.	400,000

En joignant à ces proportions déterminées l'indigo, la cire, l'ivoire, l'écaille de tortue, la chaux, les bois de teinture, de construction, d'ébénisterie, etc., l'huile, la colle de poisson, le poivre, la gomme-gutte, la gomme-laque, les peaux, les nattes, les matelas (dits cambodgiens), les soies, etc., il est aisé d'apprécier l'importance des éléments commerciaux que possède cette région transgangétique.

Importation.

Par contre, l'importation roule sur le sel pour la saumure du poisson, les conserves alimentaires, les salaisons expédiées d'Europe, de Chine et d'Amérique, les sucres raffinés, les vins et spiritueux de France, les porcelaines, faïences, poteries d'Occident, les tissus français et anglais, les armes, les outils, les farines, le papier, l'opium et le thé du Japon ; on arrive enfin à conclure, d'après ce relevé succinct, que le pays est propre à devenir, avec quelques efforts, l'un des plus brillants comptoirs européens de l'extrême Orient.

Bien que nous soyons à la veille de voir se développer l'essor commercial que nous souhaitons, tant dans l'intérêt de notre chère patrie que dans celui des provinces cambodgiennes, il est indispensable que les Français contribuent de tout leur pouvoir à la réalisation prochaine de cet accroissement ; la tâche leur est devenue d'autant plus facile qu'il existe maintenant en Indo-Chine des services postaux et télégraphiques, une organisation régulière de transit, des juridictions et surtout des naturels disposés à accueillir avec reconnaissance leurs avis bienveillants et à s'associer aux entreprises des restaurateurs de leur pays.

D'un autre côté, tout planteur, négociant ou industriel qui aura des velléités de fixer sa tente au milieu de contrées fécondes d'outre-mer, découvrira là en peu de jours les provinces favorables à la culture de l'indigo, du mûrier, de la canne à sucre ; il saura d'avance où il pourra établir des comptoirs et quelles marchandises seront susceptibles d'y affluer ; il aura la faculté d'installer dans un lieu ou un autre ses hauts fourneaux et ses scieries ; l'explorateur même se livrera avec fruit à ses utiles investigations dans maints endroits encore ignorés (1).

L'extension du commerce intérieur se signale principalement dans plusieurs villes du centre, et sans parler de Pnom-Penh, qui a fait l'objet déjà de nos remarques à cet

(1) V. L. Tinseau, *op. cit.*

égard, nous citerons les villes de Kompong-Chnang, où se tient le plus important marché au poisson de la contrée ; de Kompong-Luong, dans laquelle la gomme-gutte constitue un sérieux trafic ; de Kasutin, pourvu de marchés au coton extrêmement fréquentés ; de Banam, où les haricots ainsi que les céréales donnent lieu à un commerce déjà étendu.

L'île de Chnok-Tru, à l'entrée du Grand-Lac, se signale également par une vente au poisson considérable pendant la saison de la pêche. C'est à Chnok-Tru que les pêcheurs, durant leur séjour au bord des lacs, viennent s'approvisionner de sel, d'opium et d'alcool.

Les transactions commerciales du Cambodge sont aujourd'hui, sans nul doute, dans une voie prospère pleine de promesses, d'espoir, d'éléments généraux.

Le service des postes, assuré par les

bateaux des messageries fluviales sur les principales directions, permet au négoce d'échanger ses correspondances avec une célérité suffisante; les bureaux postaux administrés par des employés compétents sont installés aux escales les plus centrales, d'où les lettres s'expédient aussitôt à leurs destinations respectives; des agents spécialement chargés de la transmission des dépêches s'acquittent avec zèle et intelligence de leur mandat. Enfin tout fait présumer que bientôt les relations entre la Cochinchine française et le Cambodge s'effectueront dans des conditions ne laissant rien à envier aux services européens.

Les grands centres du pays khmer en ce moment dotés de bureaux postaux sont : Pnom-Penh, Kompong-Luong, Kompong-Chnang, Pursat, Kompong-Thom, Kathom, Takeo, Kampot, Kompong-Som, Banam, Vinh-Loï, Roka-Kong, Kompong-

Tiam, Stung-Trang, Krauchmar, Kratié, Sambor (1).

Quant au réseau télégraphique, il prend chaque jour une extension nouvelle, grâce à la vigilante initiative du protectorat français; ses lignes, réparties comme il suit, relient déjà entre elles les diverses provinces du royaume :

« 1° Ligne de Pnom-Penh à Chaudoc;

« 2° Ligne de de Pnom-Penh à Kampot;

« 3° Ligne de Kus à Takco;

« 4° Ligne de Kampot à Hatien;

« 5° Ligne de Pnom-Penh à Pursat et à Kompong-Prak (ligne de Battambang), passant par Kompong-Luong et Kompong-Chnang;

« 6° Ligne de Pnom-Penh à Sambor par Kompong-Tiam, Stung-Trang, Krauchmar, Krahl et Samboc;

(1) V. *Notices coloniales.*

« 7° Ligne de Stung-Trang à Kompong-Thom;

« 8° Ligne de Pnom-Penh à Tayninh par Banam (1). »

Disposant dès lors de semblables éléments, les succès à intervenir ne sont point douteux, dira-t-on; en effet, si l'on se reporte à un passé récent, on constate une amélioration considérable aux institutions primitives des Khmers; mais il n'en est pas moins vrai qu'il reste à accomplir des travaux d'une urgence indiscutable, au point de vue surtout des communications terrestres du pays.

L'insuffisance des chemins, à l'heure présente, paralyse l'essor auquel tendent les affaires et entrave d'une façon manifeste le développement immense peut-être à la veille de se réaliser. « Rien n'est

(1) *Notices coloniales.*

fait quand il reste à faire, » et dans la question que nous traitons ici, cette maxime trouve son application justifiée.

Si d'ailleurs aux efforts de l'Occident se joignent ceux du gouvernement khmer, si à l'intrépide pionnier de France s'associe le Cambodgien intelligent et patriote, avant peu l'antique royaume pourra prendre la place à laquelle ses ressources lui donnent droit sur la carte du monde. Mais, pour atteindre ce degré suprême, il faut des débouchés ; pour alimenter ces débouchés, il faut des routes ; pour avoir des routes, il faut des capitaux ; pour créer des capitaux, il faut des hommes à la fois sages et entreprenants.

XX

SITUATION FINANCIÈRE. — RESSOURCES MÉTALLURGIQUES.

La situation financière du Camoodge peut s'évaluer, au bas mot aujourd'hui, à un revenu annuel de cinq millions de francs, que nous établirons ainsi :

	Piastres.
Rendement produit par les ventes ou locations de terrains	150,000
Exploitation des forêts et trafic des bois de valeur. . . .	40,000
(Susceptible d'un revenu de 70 à 80,000 piastres et au delà).	
A reporter. . .	190,000

	Piastres.
Report. . .	190,000
Droits de pêche dans les étangs et cours d'eau qui sillonnent le pays.	62,000
Contributions indirectes portant sur la vente des alcools de riz et de l'opium . . .	400,000
Fermage des marchés, bacs, halles, jeux publics. . . .	40,000
Revenus des postes et télégraphes	10,000
Contributions directes (de création récente) fournissant tout en étant appliquées avec ménagement un rapport d'environ	500,000
En se donnant la peine d'additionner ces nombres, on obtient le total de	1,202,000

La piastre mexicaine, monnaie d'échange employée dans les États khmers, est d'un cours variant entre 4 francs 55 centimes et

4 francs 65 centimes ; si l'on prend sa valeur moyenne, c'est-à-dire 4 francs 60 centimes × 1,202,000 on arrive au produit de 5,529,200 francs, rendement sur lequel le gouvernement du pays peut compter d'ores et déjà.

Nous ferons remarquer que les chiffres énoncés ci-dessus sont les relevés de statistiques fournies par le ministère français de la marine et des colonies, données aussi exactes que possible (1).

Ces différents revenus commençant à former un noyau budgétaire d'une relative importance, ne sauraient-ils dès lors permettre l'entreprise de travaux de première nécessité qui seuls auront le pouvoir de

(1) Les *Notices coloniales*, qui ont été l'une des principales sources de notre étude, sont celles publiées en 1885 par le département de la marine et des colonies à l'occasion de l'Exposition universelle d'Anvers.

faire promptement refleurir l'ancienne splendeur du Cambodge, sans astreindre ses contribuables à des charges ruineuses.

Les ressources métallurgiques dont nous n'avons parlé encore que d'une manière superficielle devront apporter au fisc, avant qu'il soit longtemps, une augmentation notable. L'industrie minière n'a pu acquérir jusqu'ici davantage d'extension en raison d'abord du manque de charbon de terre qui fait défaut dans la contrée et y rend, par suite, le combustible d'une grande cherté; en second lieu, pour cause du mauvais état des routes; ce dernier motif, comme on le voit, est toujours la pierre d'achoppement contre laquelle se heurte, au Cambodge, le développement de tout système économique ou rémunérateur.

Formé, ainsi qu'on le sait, d'alluvions provenant de la désagrégation de roches granitiques qui existaient autrefois sur le passage des eaux, le territoire cambodgien contient, dans divers lieux, des gisements de fer, de cuivre et d'étain; on assure même que des paillettes d'or ont été découvertes aux environs de Kompong-Cham et de Stung-Trang.

Le minerai de fer offre surtout un sérieux intérêt à l'est du Grand-Lac, dans la chaîne du Phnum-Deck, où le gisement est d'une richesse peu commune. Certaine tribu sauvage, fixée à proximité de cette région minière, l'exploite avec une incroyable facilité et a été, en quelque sorte, seule à profiter jusqu'alors des trésors métallurgiques qu'elle contient.

Les Kouys (ainsi s'appellent les hôtes de la tribu), munis d'un outillage plus que primitif, se bornent à fouiller le sol du tranchant de leurs bèches pour récolter le minerai qui, suivant leur superstitieuse naïveté, se reproduit de lui-même dans les entrailles de la terre. D'après une étude faite sur les gisements de Phnum-Deck par l'ingénieur Fuchs, spécialiste distingué, des entreprises bien conduites, installées en cet endroit, seraient vite couronnées de succès; on se pénètre d'autant mieux des assertions de M. Edmond Fuchs quand on apprend que les Kouys arrivent à fabriquer, avec de grossiers appareils, des outils et instruments de toute sorte, même des lames de scie d'un excellent usage (1).

Par conséquent, ce n'est point supputer non plus des intérêts imaginaires, que de prédire un brillant avenir à l'exploitation rationnelle de l'industrie minière au Cambodge.

(1) V. L. de Tinseau, *op. cit.*

XXI

TROUBLES RÉCENTS. — LEURS FUNESTES CONSÉQUENCES.

Malgré tant de richesses accumulées, malgré une nature fertile entre toutes, malgré les sentiments civilisateurs qui animent son peuple, il est donc écrit sur les tablettes immuables du Destin que la belle terre des Khmers sera constamment livrée à des luttes intestines toujours renaissantes, à des troubles regrettables dont les suites dangereuses retarderont fatalement les bienfaits d'une organisation régénératrice.

A l'heure où nous écrivons ces lignes, de graves nouvelles nous parviennent de Pnom-Penh, aux termes desquelles des bandes séditieuses compromettraient la sécurité politique et commerciale sur les rives du Mékong.

Selon les renseignements communiqués, les rebelles ne seraient autres que des pirates asiatiques appartenant à des peuplades diverses, avides de rapt et de pillage. S'il en est ainsi, l'ordre ne tardera point à se rétablir, car il suffira pour réprimer ces simples brigandages de créer dans le haut fleuve, où se concentrent de préférence les perturbateurs, une police sévère renforcée de quelques pelotons de troupes aguerries.

Mais si, par malheur, au lieu d'avoir à châtier des pillards de bas étage, on se trouvait en présence, comme le prétendent certains journaux européens, de soulèvements politiques fomentés par des meneurs, ennemis jurés de la renaissance du pays, les choses prendraient un caractère d'autant plus alarmant que de fermes représailles deviendraient nécessaires et livreraient encore aux horreurs de l'anarchie l'infortunée nation cambodgienne que tant de revers finiraient par briser.

Il faut espérer toutefois que les bruits inquiétants ainsi répandus n'ont rien de fondé, que les agitations qu'on signale, sont l'œuvre exclusive de malfaiteurs vulgaires qui seront énergiquement punis par l'autorité franco-cambodgienne; qu'enfin le royaume touche au contraire, grâce à la sincérité de sa diplomatie nouvelle, à une salutaire période de civilisation et de paix.

FIN

TRADUCTION

DE DIFFÉRENTS TERMES GÉOGRAPHIQUES

Cambodgien	Français
An-Sremot	Baie
Srok	Canton
Chroûy	Cap
Dambank	Colline
Peam-bank	Estuaire
Trepang-nong	Étang
Tonlé-strang	Fleuve
Prey	Forêt
Co-hon-ka	Ile
Phnum (ou Pnom)	Montagne
Khet	Province
Stung	Rapide, fleuve torrentueux
Prek	Rivière, cours d'eau
Penong	Sauvage
Phum	Village
Krong	Ville de 1re classe

TABLE DES MATIÈRES

Tours, imp Mazereau.

www.ingramcontent.com/pod-product-compliance
Ingram Content Group UK Ltd.
Pitfield, Milton Keynes, MK11 3LW, UK
UKHW012215240726
13966UKWH00003B/770